둥글둥글 지구촌
신화
이야기

함께 사는 세상 17
둥글둥글 지구촌
신화 이야기

초판 1쇄 발행 2015년 4월 27일 l **초판 5쇄 발행** 2020년 9월 25일
글쓴이 김춘옥 l **그린이** 윤유리
펴낸이 홍석 l **이사** 홍성우
편집부장 이정은 l **편집** 차정민·이은경 l **편집진행** 고양이 l **디자인** 손현주
마케팅 이가은·이송희 l **관리** 김정선·정원경·최우리
펴낸곳 도서출판 풀빛 l **등록** 1979년 3월 6일 제8-24호
주소 서울특별시 서대문구 북아현로 11가길 12 3층 (북아현동, 한일빌딩)
전화 02-363-5995(영업) 02-362-8900(편집) l **팩스** 02-393-3858
전자우편 kids@pulbit.co.kr l **홈페이지** www.pulbit.co.kr
블로그 pulbitbooks.blog.me l **인스타그램** instagram.com/pulbitkids

ⓒ 김춘옥, 2015

ISBN 978-89-7474-297-3 74380
        978-89-7474-913-2 (세트)

이 도서의 국립중앙도서관 출판예정도서목록(CIP)은 서지정보유통지원시스템 홈페이지(http://seoji.nl.go.kr)와
국가자료종합목록 구축시스템(http://kolis-net.nl.go.kr)에서 이용하실 수 있습니다.
(CIP제어번호: CIP2015005079)

* 책값은 뒤표지에 표시되어 있습니다.
* 파본이나 잘못된 책은 구입하신 곳에서 바꿔 드립니다.

	품명 아동 도서	**사용연령** 10세 이상
	제조국 대한민국	**제조년월** 2020년 9월 25일
	제조자명 도서출판 풀빛	**연락처** 02-363-5995
	주소 서울특별시 서대문구 북아현로 11가길 12 3층 (북아현동, 한일빌딩)	
	주의사항 종이에 베이거나 긁히지 않도록 조심하세요.	
	책 모서리가 날카로우니 던지거나 떨어뜨리지 마세요.	
	KC마크는 이 제품이 공통안전기준에 적합하였음을 의미합니다.	

함께 사는 세상 17

둥글둥글 지구촌
신화 이야기

김춘옥 글 | 윤유리 그림

작가의 말

세계 사람들과
더불어 살기 위한 첫걸음

신화는 고대부터 전해 내려오는 '신들의 이야기'예요. 신들의 이야기는 왜 생긴 걸까요? 사람들이 그저 심심해서 지어낸 이야기일까요? 신들이 자신의 이야기를 적어 두고 간 걸까요? 그 비밀은 세계의 신화를 하나씩 살펴보면 알 수 있답니다.

신화 안에서 신들은 '아무것도 없는 세계'에 세상을 만들기도 하고, 파괴하기도 해요. 신들은 거대한 알을 깨고 태어나기도 하고, 꽃 속에서 태어나기도 하지요. 때로는 엄청난 힘을 가진 용사가 나타나 세상을 구하기도 해요. 허무맹랑한 이야기들 같지만 그 속에는 고대 사람들의 생각이나 바람이 담겨 있지요. 사람들이 세상의 이치에 대해 어떤 방식으로 이해해 나갔는지도 잘 나타나 있어요.

신화는 나라마다 등장인물이나 내용이 비슷한 듯 다르답니다. 각각 기후, 자연환경, 부족이 다르니 서로 다른 이야기를 만들어 낸 건 어찌 보면 당연한 일일 거예요. 하지만 사람들은 어디에 살든 '자연 현상'에 대한 공통된 궁금증을 갖고 있었어요. 해가 뜨고, 밤이 되고, 비가 내리고, 바람이 부는 자연 현상들이 고대 사람들에게는 신비로우면서 두려운 존재였어요. 하지만 아직 과학적인 이론이 서지 않아서 뚜렷한 답을 찾을 수 없던 사람들은 자신들이 사는 세상 너머에 신의 세계가 있다고 상상했지요. 그렇게 자연의 원리와 삶의 이치 등을 신화를 통해 이해하고자 했던 거예요.

그럼, 과학이 발전한 요즘에는 신화가 단순한 옛날이야기에 지나지 않는 걸까요?

우리는 신화를 통해 다른 민족을 더욱 잘 이해할 수 있답니다. 신화는 각 민족마다 갖고 있는 생각의 뿌리가 되기도 하니까요. 옛이야기를 넘어서 고대의 생활상이나 사상을 알 수 있는 자료가 되기도 해요. 서로 다른 환경에서 살고 있는 사람들의 오래된 관습이나, 현재 벌어지고 있는 세계 곳곳의 갈등을 이해하는 데 신화가 도움이 되는 이유랍니다.

우리도 지금부터 신화를 하나하나 읽어 볼까요? 이 책을 통해 세계 곳곳에 얼마나 흥미롭고 다양한 신화가 숨어 있는지 알고, 다른 사람, 다른 나라, 다른 대륙에 대해 폭넓고 깊이 있게 이해할 수 있었으면 좋겠어요.

김춘옥

차례

작가의 말 • 4

1장 아시아의 신화 • 8

동아시아 신화 • 10

하늘과 땅을 가른 거인 | 한 번에 떠오른 열 개의 태양
하늘에서 내려온 보물 | 엄지 대장의 교훈 | 사람이 되고 싶은 곰과 호랑이
저승에서 돌아온 바리데기

인도 신화 • 30

심술꾸러기 번개의 신 | 비슈누의 일곱 번째 아바타
시바의 요란스러운 결혼 | 죄를 씻어 주는 강

메소포타미아와 페르시아 신화 • 44

바다의 눈물 | 못 말리는 거인 길가메시 | 선과 악의 대결이 만든 세상
뱀 왕을 물리친 영웅

2장 유럽의 신화 • 54

그리스 로마 신화 • 56

올림포스의 전쟁 | 절대로 열면 안 되는 상자 | 세상에 거울이 생긴 이유
큰곰자리의 전설 | 헤라클레스의 열두 가지 과제
신탁이 만든 영웅 페르세우스 | 사과에서 시작된 전쟁

북유럽과 켈트 신화 • 77

지혜를 탐낸 오딘 | 저주에 걸린 반지 | 신들의 마지막 전쟁
신과 인간 세상의 벽 | 미디르의 기막힌 사랑 | 아일랜드 왕국을 구한 영웅

아메리카의 신화 · 94 3장

북아메리카 신화 · 96

거북의 등에서 생긴 땅 | 씨름에서 이겨 얻은 옥수수 | 코요테의 법칙

중앙아메리카와 남아메리카 신화 · 105

옥수수의 후예 | 쌍둥이 형제의 살벌한 공놀이
신이 환생한 다섯 번째 태양 | 황금 지팡이에서 시작된 잉카
라마를 돌본 착한 목동 형제

아프리카의 신화 · 120 4장

이집트 신화 · 122

1년이 365일인 이유 | 세트의 질투 | 현명한 이시스의 모험
죽은 자들의 여행

아프리카 신화 · 134

엉덩이 반점의 비밀 | 밧줄을 타고 내려온 마사이족 | 실수로 데려온 죽음
레그바의 못된 장난

오세아니아의 신화 · 146 5장

꿈의 시대 | 하늘과 땅의 사랑 | 마우이의 물고기 | 오히아 나무와 레후아 꽃
뱀의 꼬리에서 얻은 불씨

아시아는 가장 넓고 인구가 많은 대륙이야. 그래서일까?
세계 4대 문명 중에서 3개의 문명이 아시아에서 발생했어.
바로, 황허 문명, 인더스 문명, 메소포타미아 문명이야.
문명이 발생한 지역인 만큼 세상이 어떻게 창조되었는지,
땅과 하늘, 바다와 강이 어떻게 생겨났는지 이야기하는
창조 신화가 많아.
각 나라가 어떻게 세워졌는지에 대한 건국 신화도 많지.
삶과 죽음의 신비를 밝히는 종교적인 신화도 여럿 있어. 참 다양하지?

자, 그럼 다양한 아시아의
신화 속으로 들어가 볼까?

1장
아시아의 신화

동아시아 신화

하늘과 땅을 가른 거인

과학이 발달하지 않았던 옛날, 아주 먼 옛날 사람들은 세상이 어떻게 만들어졌다고 생각했을까? 고대 사람들은 아무것도 없는 세상에 신과 같은 존재가 나타나서 세상을 만들었다고 상상했대. 이런 신화를 창세 신화라고 불러.

고대 중국 사람들은 처음 우주의 모습을 아주 거대한 알이라고 생각했어. 알 속은 무척 어둡고 모든 것이 뒤엉켜 있는 세상이었지. 그러던 어느 날, 이 알에서 정체를 알 수 없는 덩어리가 하나 생겼어. 그 덩어리는 점점 커져서 거인 '반고'가 되었어.

반고는 무려 1만 8천 년 동안 알에서 쿨쿨 잠만 잤어. 자느라 먹지는 못했지만 다행히 몸은 계속 자랐지. 한번 상상해 봐. 너희가 알에 갇혀서 밥도 못 먹고 놀지도 못하고 잠만 잔다고 말이야. 굉장히 답답할 거야, 그렇지? 반고라고 왜 안 그랬겠어. 몸이 너무 커져 버려서 알에서 잠을 잘 수가 없게 된 어느 날, 반고는 제대로 폭발했지.

"아니, 왜 이렇게 좁아터진 거야! 숨도 못 쉬겠네!"

반고는 잔뜩 짜증을 내다가 몸을 쭉 늘이면서 기지개를 폈어. 몸에 힘도 잔뜩 주었지.

빠지직! 반고를 감싸고 있던 거대한 알에 금이 가고 말았어. 알에서는 오랫동안 뒤엉켜 있던 기운들이 꿈틀거리다 터져 나왔어. 이때, 가볍고 맑은 기운은 위로 올라가 하늘이 되고, 무겁고 탁한 기운은 아래로 내려앉아 땅이 되었지.

알에서 탈출한 반고는 팔로 하늘을 받치고 발로 땅을 딛고는 끄응, 하고 일어섰어. 키가 계속해서 자라서, 딱 붙어 있던 하늘과 땅은 점점 벌어졌

어. 다 자란 반고의 키는 무려 9만 길이나 되었대. 한 길이 대략 3미터 정도니까, 구만 길이면 약 27만 미터나 되네. 얼마나 큰지 짐작이 되니?

반고가 하늘과 땅 사이에서 우뚝 선 채로 다시 1만 8천 년이 흘러갔어. 그렇게 벌을 서는 자세로 오랜 시간 버텨 준 반고 덕분에 하늘과 땅은 다시 붙지 않고 영영 떨어지게 되었지. 하지만 힘이 센 반고도 점점 지쳐 갔어.

"에구구, 더 이상은…… 못 버티겠어."

결국 반고는 땅에 풀썩 쓰러지고 말았어. 순간 반고의 몸에서 이상한 변화가 일어났어. 왼쪽 눈은 태양이, 오른쪽 눈은 달이 되어 하늘로 날아간 거야. 숨결은 바람과 구름과 안개로, 목소리는 천둥이 되었지. 몸은 산이 되었고, 피는 강물이 되어 흘렀어. 살은 논과 밭이, 머리카락과 수염은 하늘의 별이, 솜털은 풀과 나무와 꽃으로 변했대. 땀까지도 이슬과 빗물이 되어 온 천지가 반고의 몸으로 만들어지게 된 거야.

중국의 창세 신화 한 걸음 더!

반고 신화는 3세기경 오나라의 서정이 쓴 《삼오역기》에 나와 있다. 중국은 넓은 대륙에 흩어져 있던 여러 민족들이 전쟁이나 교류를 통해 합쳐지며 나라를 이루어서 신화도 지역에 따라 다양하다. 주로 황허 강 중상류에 살던 한족의 신화가 중심이 되고 있지만, 황허 하류 및 산둥 반도, 요동반도 등에 살던 동이계와 양쯔 강 이남에 살던 묘만계 신화의 비중도 만만치 않다. 창세 신화의 시초는 혼돈의 세계에 수증기 구름이 음과 양으로 바뀐다는 내용이었다. 그러다가 세월이 흐르면서 점차 변해 거대한 알과 반고가 등장하게 된 것이다.

한 번에 떠오른 열 개의 태양

　매일 아침이면 떠오르고 저녁이면 사라지는 태양은 옛날 사람들에게 무척 신기한 존재였을 거야. 사람은 한 번 죽으면 영영 돌아올 수 없는데 태양은 매일 다시 태어나잖아. 그러니 태양이 얼마나 대단하게 보였겠어. 한편으론 무시무시한 더위나 가뭄을 가져오는 태양이 두렵기도 했을 거야. 말이 나온 김에, 태양에 대한 이야기를 하나 해 볼까.

　중국 요임금이 세상을 다스리던 때의 이야기야. 동쪽 바다 너머의 '탕곡'이라는 계곡에 태양들이 살고 있었대. 탕곡은 이름처럼 물이 펄펄 끓는 계곡이었어. 그곳에서 열 개의 태양이 하루에 하나씩 번갈아 가면서 얼굴을 내밀었지. 하지만 기다리는 일을 반복하던 태양들은 싫증을 냈어.

　"아, 지겨워! 내 순서가 될 때까지 매일 여기서 죽치고 있어야 하다니."

　"맞아. 이제부터 우리 마음대로 올라가면 안 돼? 다 같이 맘껏 뛰어놀면 신날 거야!"

　태양들은 모두 한목소리로 외쳤어.

　태양들은 작정하고 한꺼번에 하늘 위로 올라갔어. 하늘에 태양 열 개가 동시에 떠 있게 됐으니, 세상이 어떻게 되었을까? 무엇을 상상하든 그 이상이었지. 사람들은 열기에 제대로 숨도 쉬지 못하고 죽어 갔어. 산과 들에 있는 나무와 풀도 누렇게 말라가다 못해 까맣게 타 죽었지.

　그때, 명궁 '예'가 나타났어. 활쏘기를 아주 잘하는 사람을 명궁이라고 하는데, 예도 기가 막히게 활쏘기를 잘했나 봐. 예는 화살 열 개를 가지고 언덕으로 올라갔어. 그 활은 하늘에서 내려 준 진귀한 활이었지.

"좋은 말로 할 때 하나만 남고 모두 제자리로 돌아가!"

"쳇, 쟤 뭐야? 감히 인간이 우리에게 명령을 하다니!"

태양들은 예를 놀리기라도 하듯이 핑핑 소리를 내며 땅까지 곤두박질 쳤다가 솟아올랐어. 태양이 가까워질 때마다 산과 들, 사람들은 고통스럽게 울부짖었지.

예는 잔뜩 화가 나서 화살을 힘껏 날렸어. 화살을 맞은 태양 하나가 힘을 잃고 빙글빙글 돌다가 땅으로 뚝 떨어졌지. 예는 지체하지 않고 또 활시위를 당겼어. 깜짝 놀란 태양들이 우왕좌왕하기 시작했어. 하지만 명궁 예의 화살을 피해 갈 수는 없었지.

멀리서 이 모습을 지켜보던 요임금은 신하를 조용히 불러서 예의 화살 하나를 몰래 뽑아 오라고 명령했어. 요임금은 태양이 모두 없어질 걸 염려해서 화살을 빼돌리라고 한 거야. 태양이 하나도 없으면 곤란해질 것 같았지. 덕분에 예가 화살을 모두 쏜 뒤에도 하늘에는 태양이 하나 남아 있을 수 있었어.

마지막 남은 태양은 슬금슬금 눈치를 보면서 잽싸게 도망갔어. 아예 아무도 찾지 못하게 꽁꽁 숨어 버렸지. 그러자 이번에는 낮이 오지 않고 밤만 계속되었어. 어마어마한 추위까지 닥쳐 왔지. 대단한 예도 태양을 불러낼 방법을 몰라서 쩔쩔매고 있었어.

그러던 어느 날, 수탉 한 마리가 나타나서 청아한 목소리로 울기 시작했어. 꼬끼오! 어찌나 우렁차던지 꽁꽁 숨어 있던 태양도 귀가 쫑긋해졌

지. 태양은 너무 궁금한 나머지 머리를 쏙 내밀었다가 자신도 모르게 쑤욱 하늘로 떠오르게 되었어. 잠시 부루퉁해 있던 태양도 이제는 아무도 자신을 해치지 않는다는 걸 알게 되었지. 이때부터 닭이 울면 태양이 고개를 내밀어 새벽이 오게 되었대.

 새벽이 오는 과정을 이렇게 이야기로 만들어 내다니 재미있지 않니? 자연 현상에 대한 궁금증과 상상력이 만나 신화로 탄생한 거지. 그리고 옛사람들은 진실처럼 믿었을 거야. 물론 그런 것에는 관심 없고 이야기가 재미있어서 귀 기울이는 사람들도 있었겠지?

하늘에서 내려온 보물

　신화는 한 나라의 왕을 높여 주기 위해 만들어지기도 했어. 일본 신화 중에도 그런 이야기가 있지. 모든 신들 중에서 으뜸인 태양신 아마테라스의 자손이 일본의 왕이 된 이야기야.

　이 신화는 아마테라스의 부모 이야기부터 시작돼. 최초의 남자 신과 여자 신인 이자나기와 이자나미는 부부가 되어 함께 일본의 섬들을 만들었어. 그 뒤로 이자나기와 이자나미는 바람 신, 바다 신, 거품 신, 물도랑 신 등 많은 신들을 낳았어.

　순조롭게 세상을 만들던 어느 날이었어. 아내 이자나미가 불의 신을 낳다가 그만 타 죽고 만 거야. 슬픔에 젖은 남편 이자나기는 갖은 고생 끝에 황천으로 이자나미를 찾아갔지. 황천은 저승을 말해.

　"여보, 너무 쓸쓸해서 못 참겠소. 나와 함께 돌아가서 어서 세상을 완성합시다."

　"황천 신께 허락을 받아야 하니까 조금만 기다리세요. 그 사이 절대로 내 쪽을 돌아보면 안 돼요!"

　그런데 이자나기가 아무리 기다려도 아내는 오지 않았어. 아내가 걱정도 되고 궁금하기도 했던 이자나기는 못 참고 뒤를 돌아보고 말았어. 이자나기 뒤에는 충격적인 장면이 기다리고 있었지. 아내의 얼굴과 몸에 온통 벌레가 우글거리고 있는 거야. 이자나기는 깜짝 놀라 걸음아 날 살려라 하고 도망쳤지. 이자나미는 약속을 어긴 남편에게 잔뜩 화가 났어.

"그것도 못 참고 약속을 어기다니, 매일 천 명씩 죽여서 복수하겠어요!"

이자나미는 죽음의 신으로 변해 버렸어.

"모두 내 잘못이니, 내가 매일 천오백 명씩 태어나게 할 수밖에……."

이자나기는 너무나 후회됐지만 이미 되돌릴 수 없는 일이었어. 세상이 없어지지 않게 하려면 죽는 사람 수보다 더 많은 사람이 태어나야 했지. 하지만 정말로 천 명이 죽으면 천오백 명이 태어난다는 말은 아니야. 한쪽에서 사람이 죽으면, 또 한쪽에서는 그만큼 사람이 태어난다는 뜻이지.

황천에서 돌아온 이자나기는 마음을 달래며 목욕을 했어. 그러자, 또 다른 신들이 태어났어. 왼쪽 눈을 씻으니 태양신 아마테라스가 툭 하고 떨어졌지. 오른쪽 눈을 씻으니 달의 신 쓰쿠요미가 나타났어. 코를 씻으니까 이번엔 바다의 신 스사노오가 튀어나왔어.

이자나기는 자식 같은 신들을 매우 귀하게 여겼어. 특히 아마테라스에게는 옥구슬 목걸이를 주며 하늘에서 낮을 다스리는 최고신으로 삼았지. 쓰쿠요미는 밤을, 스사노오에게는 바다를 다스리게 했어. 하지만 세상의 낮과 밤을 잘 다스리는 아마테라스와 쓰쿠요미와는 달리 바다를 다스리는 스사노오는 말썽만 부렸어. 아마테라스가 아무리 달래 보아도 스사노오는 달라지지 않았지.

"내 말은 하나도 안 듣는구나! 에이, 꼴도 보기 싫어!"

실망한 아마테라스는 혼자 동굴로 들어가 문을 걸어 잠갔어. 태양이 동굴로 들어가 버렸으니 어떻게 되었겠어? 세상이 온통 어둠에 휩싸였지. 아마테라스가 나오게 할 대책이 필요했어.

얼마 후, 여전히 꽁해 있던 아마테라스는 동굴 밖에서 들려오는 낄낄거리는 웃음소리에 귀가 쫑긋해졌어.
"밖에 무슨 일이지?"
바깥의 상황이 궁금했던 아마테라스는 동굴 문을 살짝 열어 보았어. 그때, 기다렸다는 듯이 힘센 남자 신들이 달려들어 아마테라스를 끌어냈어. 춤의 여신들은 우스꽝스런 춤을 추며 다가와 아마테라스 주위를 빙빙 돌았지. 아마테라스도 처음엔 머쓱했지만 웃음을 터뜨릴 수밖에 없었어. 말썽쟁이 스사노오는 하늘에서 쫓겨나고 말았지. 이렇게 세상은 다시 환해졌고 평화가 찾아오게 되었대.

시간이 흘러, 하늘을 잘 다스리던 아마테라스는 손자 호노니니기를 땅으로 내려보냈어. 호노니니기는 일본 왕의 조상이 되었지. 그때 호노니니기가 가지고 내려온 세 가지 보물을 삼종신기라고 해. 거울은 왕의 절대적 힘, 구슬은 풍요, 검은 무력을 의미한대.

엄지 대장의 교훈

오래전 몽골 사람들은 넓은 초원에서 사냥을 하며 살아왔어. 그러다 보니 활을 잘 쏘는 사람을 최고라고 생각해서 자연스럽게 명궁들의 이야기가 많아졌지. 그중에서 엄지 대장 신화를 얘기해 줄게.

땅이 만들어지고 사람이 생겨나면서 세상이 만들어지던 시기의 이야기야. 하늘에는 해와 달이 자리를 잡고, 별도 함께 자리를 잡기 시작했지. 그런데 문제가 하나 있었어. 일곱 개의 별인 좀생이별이 뜨면 참기 힘든 추위가 몰려온다는 거였어.

그때, 엄지 대장 에르히 메르겡이라는 사람이 나타났어. '에르히'는 엄지손가락, '메르겡'은 명궁이라는 뜻이야. 그러니까 이름부터 엄지손가락 힘이 엄청 센 명궁이란 뜻을 가진 사람이 나타난 거야. 에르히 메르겡은 추위를 몰고 오는 좀생이별한테 단단히 화가 나 있었어.

"내가 화살 하나로 일곱 개의 별을 산산조각 내겠어!"

에르히 메르겡은 의기양양하게 외쳤어. 자신감이 넘쳤던 에르히 메르겡은 신들 앞에서 허세까지 부렸지.

"뭐, 그럴 일은 없겠지만, 만약에 내가 실패하면 엄지손가락을 자르고 타르바간이 되어 평생 남자들의 사냥감이 되겠소!"

타르바간이 뭐냐면, 오소리와 비슷하게 생긴 몽골 초원에 사는 동물이야. 에르히 메르겡이 동물이 되겠다는 말까지 한 걸 보면 정말 자신이 있었나 봐.

사람들은 신이 나서 에르히 메르겡을 응원했지.

"이 혹독한 추위를 반드시 멈출 테니 두고 보세요, 여러분!"

에르히 메르겡은 있는 힘을 다해 활시위를 당겼어. 화살은 빠르게 날아가 밤하늘에 닿았어. 그런데 이게 웬일이야. 좀생이별 일곱 개 가운데 겨우 하나밖에 못 맞춘 거야.

"천하제일의 명궁, 에르히 메르겡이 실패했다!"

하늘에 여섯 개의 좀생이별이 떠 있는 걸 본 사람들은 웅성대기 시작했어. 별들은 보란 듯이 차갑고 푸른빛을 내뿜고 있었지.

에르히 메르겡은 고개를 툭 떨어뜨렸어. 자기 입으로 괜한 말을 내뱉어서 벌을 피할 수도 없으니 말이야.

에르히 메르겡은 울며 겨자 먹는 심정으로 스스로 엄지손가락을 잘랐어. 그러고는 어두컴컴한 굴속으로 들어가 타르바간이 되었지. 그 뒤로 물도 마시지 않았고, 해와 바람이 있는 바깥세상에도 나오지 않고 살아갔대. 오로지 풀뿌리로 배고픔을 달래면서 살았지. 자신의 행동을 후회하면서 말이야.

　그런데 정말 명궁 에르히 메르겡이 화살을 잘못 쏜 걸까? 아니야, 너무 자신의 능력만 믿고 우쭐대는 에르히 메르겡을 벌주려고 하늘 신이 일부러 화살을 빗나가게 했대.

　몽골 사람들은 예부터 대자연을 두려워하고 하늘과 조상의 노여움을 사지 않아야 한다고 생각해 왔는데, 이 신화는 이런 몽골 사람들의 생각을 반영한 이야기인 거야.

사람이 되고 싶은 곰과 호랑이

나라를 세울 때의 이야기를 담아낸 신화를 건국 신화라고 해. 나라를 세울 때도 신화가 필요하냐고? 고대에는 여러 부족들이 모여 하나의 나라를 세웠어. 이때 왕에게는 보통 사람과 다른 절대적인 능력이 있다는 걸 보여 줄 필요가 있었지. 그래서 건국 신화를 만들어서 왕에게 힘을 실어 준 거야.

자, 그럼 문제! 우리나라 최초의 나라는? 맞아, 고조선이야. 그럼 고조선의 건국 신화인 단군 신화도 잘 알겠네? 단군 신화는 고려 시대 역사책 《삼국유사》에 실려 있는 이야기야.

하늘 왕 환인의 아들인 환웅이 이 세상을 다스릴 때였어. 어느 날 곰과 호랑이가 날마다 환웅을 찾아와 사람이 되게 해 달라고 빌었대. 간절하게 기도하는 곰과 호랑이를 외면할 수 없던 환웅은 쑥 한 줌과 마늘 스무 쪽을 주며 방법을 알려 주었어.

"사람이 되려면 100일 동안 햇빛도 보지 않고 동굴 안에서 이것만 먹으며 버텨야 한다. 할 수 있겠느냐?"

곰과 호랑이는 얼른 입을 모아 대답했어.

"사람이 될 수만 있다면 어떤 일이든 참아 낼 수 있어요."

"저도 할 수 있어요!"

곰과 호랑이는 굳은 결심을 하고 동굴로 들어갔어.

처음에는 둘 다 마음을 다부지게 먹고 버텼지. 하지만 하루, 이틀, 날이 갈수록 점점 참기 힘들어졌어.

"곰아, 넌 정말 괜찮아? 언제까지 이렇게 어둡고 추운 곳에 있어야 하는 걸까?"

"딱 100일만 버티면 되잖아. 그러면 우리가 원하는 대로 사람이 될 수 있어."

호랑이가 투덜댈 때마다 곰은 살살 다독였어.

"정말 이것만 먹으면 사람이 되는 거야? 맛은 또 왜 이렇게 이상해?"

"조금만, 조금만 더 힘내. 곧 사람이 될 수 있을 거라고."

며칠이 더 지나 호랑이가 으르렁거리며 화를 내자 곰은 눈치를 보며 다시 한 번 달랬어.

"에잇, 이제 맛없는 풀 따위 진절머리가 난다!"

하지만 얼마 뒤 호랑이는 더 이상 참지 못하고 동굴을 뛰쳐나갔어.

'난 끝까지 참아 내야 해.'

곰은 혼자 남아 묵묵히 견뎠어. 마늘의 매운 맛도 쑥의 쓰디쓴 맛도 차츰 익숙해졌지. 언젠가부터는 더 이상 날짜도 세지 않았어. 그렇게 하루하루가 흘러갔어.

그러던 어느 날이었어. 아침에 눈을 뜬 곰은 그날따라 기분이 이상했어. 왠지 가슴이 쿵쿵 뛰고 마음이 설레었어. 영문을 몰라 당황하고 있는데, 동굴 밖에서는 해가 떠오르는지 희미한 빛이 들어오고 있었지. 그때부터 곰의 몸이 차츰 사람으로 변하기 시작했어.

"아아, 내가 이렇게 아름다운 여자가 되다니!"

마침내 사람으로 변한 곰은 기쁨의 눈물을 흘렸어. 곰의 이름은 웅녀라고 지었어. 웅녀는 동굴 밖으로 나와 맘껏 햇빛을 쐬었어. 사람이 된 걸 실감하고 나니까 웅녀의 마음속에는 새로운 꿈이 생겼어.

"비나이다. 비나이다. 부디 아기를 갖게 해 주세요."

웅녀는 백두산에 있는 신단수 아래로 가서 신에게 간절하게 빌었어. 신단수는 환웅이 하늘에서 내려와 처음 나타났던 신성한 나무가 있는 곳이었지.

환웅은 며칠 동안 웅녀를 지켜보다가 잠시 사람으로 변신해서 웅녀 앞에 나타났어. 둘은 곧 혼인을 했고, 얼마 후에 환웅과 웅녀 사이에서 아들이 태어났어. 이 아이가 바로 단군왕검이야.

환웅이 다시 하늘로 올라간 뒤에 단군은 자라서 고조선을 세웠어. 이때가 기원전 2333년이야. 그 후로 단군은 1500년 동안 고조선을 다스렸대.

'단기 4348년'이라는 연도 표기를 본 적이 있니? 이러한 것을 '단군기원'이라고 해. 단군이 고조선을 세운 해부터 연도를 따지는 우리나라만의 방식이지. 현재 연도에다가 단군이 즉위한 해를 더하면 올해가 단기 몇 년인지 알 수 있어.

단군 신화와 토테미즘

단군 신화에 나오는 곰과 호랑이 이야기는, 고조선 당시 곰을 숭배하는 부족과 호랑이를 숭배하는 부족을 상징한다고 해석하기도 한다. 이렇게 동물이나 식물을 숭배하는 사상을 토테미즘이라고 한다.

저승에서 돌아온 바리데기

우리 신화는 글로 기록하여 문헌으로 남겨진 것과 말이나 노래로 전해진 것이 있어. 세상이 생겨난 이야기, 나라를 일으키거나 성씨의 시조가 되는 과정을 담아낸 이야기는 주로 글로 남겨 두었지만, 그 밖의 이야기는 사람들의 입에서 입으로 전해 내려오는 경우가 많았어. 그중에서 '바리공주' 이야기를 빼놓을 수가 없네. 신이 된 바리공주 이야기 한번 들어 볼래?

옛날 옛적 압록강 건너에 있던 나라, 불라국에 오구대왕이 살고 있었어. 불라국을 다스리고 있던 오구대왕은 공주만 여섯이어서 아들을 낳으려고 일곱째까지 아이를 낳았는데, 또 딸을 낳게 되었어. 그 막내가 바로 바리데기야. 바리데기는 딱하게도 딸이라는 이유로 태어나자마자 옥함에 넣어 버려졌지.

"꼴도 보기 싫으니 서해에 버리거라!"

오구대왕의 매몰찬 명령에, 왕비는 눈물을 흘리며 아이를 넣은 옥함에 생년월일과 이름을 고이 적어 넣었어. 누군가 이 아이를 발견해서 키워 주길 바란 거지.

옥함은 두둥실 떠가서 어느 바닷가 마을에 도착했어. 다행히 마음씨 좋은 비리공덕 할아비와 할미에게 옥함이 발견되었어. 바리데기는 할아버지와 할머니 손에서 건강하게 자랐어.

한편, 바리데기를 버린 오구대왕은 벌을 받은 건지 병이 들고 말았어.

좋다는 약을 모두 써 보았지만 소용이 없었지. 그러던 어느 날, 이름 모를 스님이 왕비에게 왕을 살릴 수 있는 방법을 알려 주었어.

"서천 서역을 지나 저승 깊은 곳에 있는 동대산 동수자의 약수만이 대왕을 살릴 수 있소. 일곱째 공주만이 할 수 있는 일이라오."

왕비는 신하를 보내 급히 바리데기를 찾아냈어. 옥함에 써 넣은 생년월일과 이름 덕에 말이야. 궁궐로 돌아온 바리데기는 어머니를 만난 기쁨도 누릴 새 없이 곧바로 약수를 찾아 떠날 수밖에 없었어.

서천 서역까지 가는 길은 쉽지 않았어. 서천 서역까지 길을 알기 위해서 백발노인의 밭을 갈아 주고, 냇가에서 만난 할머니의 빨래를 모두 해 주고는 삼색 꽃가지와 금방울을 얻었지. 뿐만 아니라 망녕 고개, 몽달 고개, 잔소리 고개 등 열두 고개까지 넘었단다. 고개마다 귀신들이 울며 막아섰지만 바리데기는 모두 이겨 냈어.

고개를 모두 넘자 이번엔 황천 강이 나타났어. 가까스로 배를 탄 바리데기 앞에 가시로 된 성과 철로 된 성이 가로막았지. 바리데기는 얼른 삼색 꽃가지를 흔들었어. 신기하게도 성들은 순식간에 눈 녹듯 무너졌어.

다음엔 뜨거운 물이 덮쳐 와서 얼른 금방울을 던졌어. 그러자 물이 퍼져 나가면서 무지개가 찬란하게 떠오르는 거야. 바리데기는 무지개를 타고 강을 건너서 동대산 동수자의 집까지 갈 수 있었어.

그런데 동수자는 바리데기를 보자 대뜸 아들 셋만 낳아 달라는 부탁을 했어. 이제 약수만 얻어 가면 다 끝이라고 생각했는데 하늘이 무너지는 것 같았지. 동수자는 원래 하늘에서 살던 사람인데 죄를 짓고 이곳에 와 있었어. 인간 세상의 여자를 만나 아들 셋을 두면 죄를 풀 수 있었던 거지.

　결국 바리데기는 동수자와 결혼을 해서 아들 셋을 낳았어. 그제야 동수자는 약속대로 동대산 깊은 곳에 있는 약수터로 바리데기를 데려다주었어. 바리데기는 약수를 병에 담고 주위에 있는 색색의 꽃도 꺾어서, 세 아들과 궁궐로 돌아가는 발걸음을 재촉했어.

　하지만, 바리데기가 너무 늦게 도착한 걸까. 바리데기 눈앞에 오구대왕의 상여가 나가고 있었어. 바리데기는 가슴이 무너지는 것 같았지.

　"아버지, 제가 돌아왔어요. 바리가 왔어요."

　바리데기는 상여를 세우고 동대산 약수터에서 따 온 색색의 꽃으로 오구대왕을 쓰다듬었어.

그러자 놀랍게도 뼈가 다시 붙고, 살이 오르고, 피가 돌며 오구대왕이 벌떡 일어나는 거야.
"바리공주야, 네가 나를 살렸구나."
오구대왕은 비로소 눈물을 흘리며 바리데기를 꼭 껴안아 주었어.
모든 일을 끝마친 뒤에 바리데기는 부귀영화를 마다하고 저승으로 들어서는 영혼들을 인도하는 오구신이 되었어. 공주를 키워 준 비리공덕 할아비와 할미도 영혼의 길 안내를 맡는 신이 되었대.

인도 신화

심술꾸러기 번개의 신

인도는 세계에서 중국 다음으로 인구가 많은 나라야. 그에 걸맞게 신들의 수도 엄청나게 많고 이야기도 다양해. 기원전 15세기 인도의 서북부에 정착한 아리아인은 고대 산스크리트어로 기록된 경전 《베다》를 믿고 따랐어. 《베다》에는 신들에 대한 찬양과 봉헌 의식이 기록되어 있었는데, 세상 만물에는 영혼이 있다고 쓰여 있었지.

베다 시대에 하늘의 신과 대지의 신이 우주 만물을 낳고 정성껏 키우고 있었어. 어느 날, 대지의 신이 아기를 가지게 되었는데 모두들 왠지 그 아기가 태어나는 걸 두려워했어. 아기가 태어나자 신들은 더 심하게 불안해했지. 그 기운이 모여 온 세상이 흔들릴 지경이었어.

대지의 신은 어쩔 수 없이 아기를 깊은 숲 속에 몰래 버릴 수밖에 없었어. 다른 신들로부터 아기를 보호하기 위해서였지. 대지의 신은 아기의 이름을 '인드라'라고 지었어.

인드라는 마음의 상처를 안고 홀로 자랐어. 그리고 어른이 되자 신들에

게 복수를 하기 위해, 가장 먼저 아버지를 찾아가 죽이고 말았지. 그리고 번개를 빼앗아 마음대로 휘둘렀어. 모두 인드라를 슬슬 피해 다녔어.

그런데 엎친 데 덮친 격이라고, 인드라의 난동 때문에 정신이 없는 와중에 뱀의 모습을 한 브라트라가 사고를 친 거야. 브라트라가 산꼭대기에 똬리를 틀고 앉아 세상의 물을 몽땅 마셔 버려서, 온 세상이 가뭄에 시달리게 되었어.

"야, 브라트라! 너 빨리 물을 내놓지 못해?"

물이 없어 괴롭긴 인드라도 마찬가지였어. 목이 탄 인드라는 식식대며 브라트라에게 성질대로 마구 번개를 휘둘렀어. 번개가 칠 때마다 천둥까지 울려 온 들판이 들썩였어.

결국 브라트라는 배에 인드라의 번개를 맞고 물을 콸콸 쏟아 냈어. 순식간에 가뭄에서 벗어나게 된 거야. 이 일로 사람들은 인드라를 다시 보게 되었어. 비를 관장하는 신으로 모시며 우러러보기까지 했어.

"말만 하지 말고, 나한테 어울리는 크고 화려한 궁전을 지어 줘!"

기고만장해진 인드라는 하늘의 목수에게 명령했어. 무리한 요구에 당황한 목수는 창조의 신 브라흐마를 찾아가서 도움을 청했어. 브라흐마는 소년으로 변장해서 인드라를 찾아갔지. 현명한 브라흐마는 말로 조근조근 인드라를 설득하기로 한 거야.

"인드라님, 이들이 누군지 아십니까?"

"그야 땅을 기어가는 개미 떼지, 뭔가?"

브라흐마의 물음에 인드라는 대수롭지 않게 대답했어. 이에 브라흐마는 서두르지 않고 이야기를 시작했지. 브라흐마는 이 개미 떼들에 빗대어 전생과 현재, 미래에 대해 이야기했어. 이 넓은 우주의 반복되는 시간 앞에는 개미 떼처럼 수많은 인드라가 태어나고 사라지길 반복하니, 현재의 인드라는 눈 깜빡할 사이에 지나갈 존재라고 말이야. 그러니 이 잠깐 사이에 으리으리한 궁전이 무슨 소용이냐고 차근차근 설명했지.

지금까지 그 누구에게도 이처럼 따뜻한 말투를 들어 본 적 없던 인드라는 눈빛이 부드럽게 흔들렸어. 그동안의 잘못도 모두 뉘우쳤지. 《베다》의 최고신이었던 인드라가 힌두교의 신 브라흐마에게 밀려 그 힘을 잃게 되는 순간이야. 먼저 만들어진 베다 신앙의 힘이 시간이 흐르면서 약해지고 자연스럽게 힌두교가 탄생하게 된 걸 나타내는 신화인 거지.

비슈누의 일곱 번째 아바타

인도의 수많은 신은 브라흐마, 비슈누, 시바 이렇게 세 명의 신으로 모아진단다. 창조의 신 브라흐마, 유지의 신 비슈누, 파괴의 신 시바가 함께 세상을 다스린다고 이야기하지. 우주는 창조되고 유지되다가, 파괴되고 나서 또다시 창조되는 과정을 끝없이 반복한다는 거야. 그러니까 몸은 죽지만 영혼은 살아서 다시 태어난다는 거지. 이런 걸 윤회라고 해.

세상의 질서를 유지시키는 일을 맡은 비슈누는 수시로 자신의 모습을 바꾸어 나타나는 취미가 있었어. 어지러운 세상을 바로잡기 위해서였지. 이렇게 비슈누가 변신한 모습을 '아바타'라고 했어.

'아바타'라는 말은 좀 익숙하다고? 그래, 요즘 인터넷이나 게임에서 쓰는 그래픽 아이콘을 '아바타'라고 부르잖아. 원래 고대 인도의 산스크리트어인 '아바타라'라는 말에서 시작된 단어야. 이 단어가 영어식 발음인 '아바타'로 자리 잡아 널리 쓰이게 된 거지.

자, 지금부터는 비슈누가 일곱 번째 아바타로 나타났을 때의 이야기를 해 볼까. 비슈누는 아요다라는 나라의 첫째 왕자인 라마로 태어났어. 라마 왕자 밑으로는 바리타, 락슈만 왕자가 차례로 태어났어.

라마는 열여섯 살이 되자 세상으로 여행을 떠났어. 그러던 중에 우연히 이웃 나라 왕이 사윗감을 구한다는 소식을 듣게 되었지. 왕에게는 아주 단단하고 신비한 활이 있었는데, 이것을 당기는 사람에게 시타 공주를 배필로 준다는 거야.

"파괴의 신, 시바의 활을 당길 수 있는 자는 나뿐이오!"

라마는 온 힘을 다해 활을 당겨 보이고는 시타를 신부로 얻어 왕궁으로 돌아왔어. 하지만 기쁨도 잠시, 라마는 아버지의 두 번째 왕비에게 쫓겨나는 신세가 되고 말았어. 왕비는 왕이 죽자 자신의 아들인 바리타가

새로운 왕이 되길 바랐던 거야.

라마는 시타와 락슈만을 데리고 세상을 떠돌게 되었어. 다행히도 라마를 사랑하는 시타는 고생이라고 생각하지 않았어. 락슈만도 형이 가는 길은 어디든 믿고 따라다녔지.

그러던 어느 날, 시타 혼자 집에 있는데 낯선 수도승이 찾아왔어. 이 수도승은 사실 악마가 변장을 한 것이었어. 그걸 알 리 없던 시타는 저항도 못 하고 악마에게 끌려가고 말았지.

뒤늦게 집에 돌아온 라마는 락슈만과 함께 황급히 악마의 뒤를 쫓았어. 하지만 악마의 궁전까지 오는 길은 역시 만만치 않았어.

"어서 내 아내를 내놓아라!"

우여곡절 끝에 도착한 라마 일행은 몸을 아끼지 않고 용감하게 싸웠어. 힘겹게 악마를 물리치고 시타를 구해 냈지.

"이젠 아요다로 돌아가자."

라마는 이제 긴 여행을 끝내기로 결심했어. 묵묵히 자신을 따르는 아내와 동생을 위해서라도 말이야. 저 멀리 아요다의 왕궁이 보이는 곳까지 오자, 라마는 여러 가지 생각이 들었지만 당당하게 궁으로 향했어.

"형님, 왜 이제야 오셨어요!"

뜻밖에도 바리타가 달려 나와 라마 일행을 반갑게 맞아 주었어. 바리타는 내심 형이 돌아오길 기다리고 있었던 거야. 라마를 내쫓았던 왕비는 이미 죽고 없었어. 드디어 라마는 바리타에게 왕위를 돌려받고 훌륭한 왕이 되었대.

열 가지 아바타로 변신한 비슈누

인도의 신 비슈누에게는 열 가지 아바타가 있다. 첫 번째 아바타는 대홍수로부터 사람들을 구해 준 물고기, 두 번째는 죽지 않는 약을 만들 때 세상을 받쳐 준 거북, 세 번째는 지옥의 사자가 바닷속에 던져 버린 땅을 어금니로 끌어 올리는 멧돼지, 네 번째는 반은 인간이고 반은 사자의 모습을 하고 악마를 물리친 반인반수로 변한다.

다섯 번째는 꾀를 써서 우주를 새롭게 만든 난쟁이, 여섯 번째는 억울한 아버지의 죽음에 복수한 아들, 일곱 번째는 앞에서 나온 라마 왕자다. 여덟 번째는 사랑스러운 신 크리슈나, 그리고 아홉 번째는 석가모니 붓다로 태어나는데, 인도에서 불교가 힌두교에 흡수되면서 붓다를 비슈누의 아바타 중 하나로 끼워 넣은 것이다. 마지막 열 번째는 미래의 아바타로, 우주가 파괴될 때 새로운 정의와 질서를 세워 줄 존재라고 한다.

시바의 요란스러운 결혼

창조의 신 브라흐마에게는 골칫거리가 하나 있었어. 바로, 파괴의 신 시바였지. 시바는 성격이 변덕스럽기로 유명했어. 죽은 사람을 태우는 화장터를 오가며 허름한 옷을 입고서 춤을 추는 희괴한 행동도 자주했지. 그러다 보니까 신들보다는 자연스럽게 도깨비나 귀신과 더 친했어.

"파괴의 신 시바가 제 역할을 해야 우주가 제대로 돌아갈 텐데, 시바가 세상사에는 도통 관심이 없으니 저 녀석을 어쩌지?"

창조의 신 브라흐마는 고민 끝에 샥티 여신에게 한 가지 부탁을 했어. 브라흐마 신의 아들인 닥샤 왕의 딸로 다시 태어나서 시바와 결혼해 달라고 한 거지. 결혼을 하면 좀 철이 들 거라고 생각했나 봐.

부탁을 들어주기로 한 샥티 여신은 닥샤 왕의 막내 딸, 샤티로 다시 태어났어. 그리고 세월이 흘러 샤티는 아주 아름답게 자랐어.

어느 날, 샤티는 우스꽝스런 차림새를 하고 이상한 춤을 추고 다니는 시바를 만났어. 시바랑 결혼을 하기 위해서 태어난 샤티의 눈에는 당연히 그런 시바도 멋지게 보였지.

"시바 님, 저랑 결혼해 주세요."

시바도 아름다운 샤티한테 한눈에 반했어. 둘은 천생연분이라 여기며 곧바로 결혼을 했어. 브라흐마의 작전이 성공한 거지.

하지만 샤티의 아버지인 닥샤 왕은 제멋대로인 시바가 사위로 마음에 들지 않았어. 신들이 모두 모이는 중요한 행사에 시바만 쏙 빼놓을 정도였지. 신성한 제물을 하늘에 바치는 큰 행사였는데 말이야. 샤티는 아버지에게 단단히 삐쳤어.

"아버지, 이렇게 큰 행사에 어떻게 제 남편만 따돌릴 수 있어요?"

"난 미치광이 시바가 여기 모인 고귀한 신들이랑 한자리에 있는 꼴을 볼 수 없다!"

닥샤 왕의 모진 말에 마음이 상한 샤티는 제단에 피워 둔 불에 몸을 던져 죽고 말았어. 정말 눈 깜짝할 사이에 벌어진 일이었지.

이 사실을 알게 된 시바는 슬픔과 분노로 제정신이 아니었어. 왕궁을 불태우겠다며 난리도 아니었지. 시바는 정신없이 달려가 순식간에 왕궁에 불을 지르고 닥샤 왕의 머리를 염소로 만들어 버렸어. 그러고는 히말라야 산 깊은 골짜기로 들어가 깊은 명상에 잠겼지.

그렇게 오랜 세월이 흐른 뒤에, 파르바티라는 여인이 히말라야 산에서 명상에 잠긴 시바를 발견했어. 파르바티는 히말라야 산신의 딸인데, 바로 샤티가 환생한 사람이었지. 그래서일까? 파르바티는 그날부터 시바가 있는 곳에 과일과 물을 가져다 두며 시바에게 정성을 다했어.

때마침 세상에는 악마가 쳐들어와 신들을 괴롭히고 있었어. 창조의 신 브라흐마는 파르바티와 시바의 아들이 악마를 물리칠 거라고 예언했어. 모든 신들은 둘의 결혼을 간절하게 바랄 수밖에 없었어. 사랑의 신 카마도 그 둘을 몰래 지켜보면서 기회만 노리고 있었지. 여차하면 사랑의 화살을 날리려고 말이야.

어느 날, 파르바티가 평소처럼 시바 옆에 과일과 물을 가져다 놓을 때였어. 파르바티가 뒤로 물러나다가 실수로 시바의 발을 밟고 말았지. 순간 놀란 시바는 눈을 번쩍 떴어. 사랑의 신 카마는 그때를 놓치지 않고 사랑의 화살을 힘껏 날렸어! 하지만 그만 화살이 빗나가 버렸어.

화가 난 시바는 눈에서 불을 쏘아 카마를 재로 만들어 버렸어. 그러고는 더욱 깊은 골짜기로 숨어 버렸지. 파르바티가 아무리 노력해도 더 이상 시바를 찾을 수는 없었어. 파르바티는 그날부터 혹독한 추위와 찌는 듯한 더위에도 아랑곳하지 않고 명상을 하는 고행을 시작했어.

여러 날이 흘러, 고행을 하는 파르바티 앞에 한 젊은 성자가 나타나 말을 걸었어.

"당신처럼 아름다운 여인이 왜 이런 힘든 일을 하는 거요?"

"내 마음은 오로지 시바를 향해 있답니다. 그와 결혼할 때까지 제 고행은 결코 끝나지 않을 거예요."

순간 젊은 성자는 깊게 감동하면서 파르바티 앞에 원래 모습을 드러냈어. 바로 파괴의 신 시바였지. 마침내 둘은 결혼을 하게 되었어. 잿더미로 변했던 사랑의 신 카마도 환생했고 말이야. 훗날 브라흐마의 예언대로 파르바티와 시바의 둘째 아들이 악마를 물리치고 평화를 찾아주었대.

죄를 씻어 주는 강

인도 사람들은 죽고 나면 화장을 해서 갠지스 강에 뿌려지는 게 평생소원이래. 갠지스 강가 바라나시에 '무크티바완 호텔'이라고, 죽음을 앞둔 사람들이 묶는 호텔까지 생겼을 정도야. 늘 예약 손님이 넘쳐 나서 2주가 지나도 임종을 맞지 못하면 방을 다시 내주어야 한대. 이렇게 인도 사람들이 신성하게 생각하는 갠지스 강에 신화가 없을 리가 없겠지?

오랜 옛날, 사가르 왕이 나라를 다스릴 때였어. 왕은 제물로 바칠 말들을 들판에 풀어 놓고는 육천 명의 아들들에게 말을 지키라고 명령했어. 그런데 이를 지켜보던 심술쟁이 번개의 신 인드라가 눈 깜짝할 새에 말들을 훔쳐서 지하 세계에 숨겨 놓았어. 마침 들판에서 명상을 하던 성자 까삘라가 꼼짝없이 누명을 쓰게 되었지.

"이 말 도둑놈아! 어서 말을 내놓지 못할까?"

단단히 오해한 사가르 왕의 아들들은 다짜고짜 까뻴라를 찾아가 공격했어. 까뻴라는 억울하기도 하고 화도 났어. 급기야 왕의 아들들을 모두 재로 만들어 버렸지.

이 사태를 수습하기 위해서 사가르 왕의 손자인 안슈만이 까뻴라를 찾아갔어. 안슈만은 먼저 공손히 인사를 올렸어. 그러고는 차분하게 이야기를 하면서 사건의 앞뒤를 알아냈던 거야.

"너는 예의가 있어 보이니 방법을 알려 주마. 하늘의 강물이 땅 위로 흘러내려 정화 의식을 하면 구원을 받을 수 있을 것이다."

까뻴라는 마음을 풀고 사가르 왕의 아들들을 되살리는 방법을 알려 주었어.

그 후, 안슈만이 왕이 되고 그의 아들 딜리파가 왕이 될 만큼 세월이 흘러갔어. 대를 이어 기도가 이어졌고, 마침내 딜리파 왕의 기도에 신이 답을 해 주었어.

"곧 태어날 아들이 하늘의 강물을 흘러내리게 할 것이다."

신의 예언 뒤로 아들을 간절하게 기다렸지만, 아들 바기라트는 장애를 가지고 태어났어. 영웅은커녕 고개도 제대로 가누지 못하는 신세였지.

어느 날, 바기라트가 지나가는 성자에게 공손히 인사를 했을 때였어.

"그렇게 삐딱한 자세로 인사를 하다니, 날 비웃는 건가?"

"아닙니다. 제 모습 때문에 그렇게 보일 뿐 비웃는 게 절대 아닙니다."

"그 말이 진실이라면 멋진 젊은이로 바뀔 것이고, 나를 놀리는 것이었다면 더욱 추악한 모습이 될 것이다."

성자의 말이 끝나자마자 바기라트는 건강하고 멋진 모습으로 바뀌었어. 바기라트는 당장 신의 예언을 이루기 위해 히말라야 산으로 떠났어.

"강가 여신이여, 부디 땅으로 내려와 주시옵소서."

"내가 하늘에서 떨어지는 걸 감당할 수 있겠는가?"

바기라트의 간절한 기도에 강의 여신 강가는 시험하는 척하며 슬며시 승낙해 주었지.

"시바 신이시여, 강가 여신의 센 물줄기를 이겨 낼 분은 이 세상에 오직 당신뿐입니다."

바기라트는 얼른 파괴의 신 시바에게 달려가 하늘의 물줄기를 받아 달라고 기도했지.

시바도 얘기를 듣다 보니 은근히 자신의 힘을 시험해 보고 싶어졌어. 결국 시바는 강가의 어마어마한 물줄기를 머리로 고스란히 받아 냈지. 강가는 그런 시바가 얄미워 더욱 센 물줄기를 쏟아부었어. 시바는 참다 못해 물줄기를 머리카락 안에 가두고 말았어.

"시바 신이시여! 제발 강가 여신의 물줄기를 풀어 주소서."

물이 땅으로 흘러내리지 않자, 바기라트가 다시 간절하게 기도를 올리기 시작했어. 바기라트의 기도가 워낙 애절하니까 시바는 못 이기는 척 머리를 풀어 주었지.

드디어 여신 강가의 물줄기가 시바의 머리를 타고 땅으로 세차게 흘러내려왔어. 바기라트는 재빨리 고동을 불며 앞서 걸어갔어. 강가의 물줄기가 바기라트의 뒤를 따라 흐르기 시작했지. 이어 재로 변한 조상들이 하

● 갠지스 강에서 정화 의식을 하고 있는 사람들

나둘씩 되살아났어.
  이때부터 인도 사람들은 갠지스 강에서 강가 여신에게 꽃과 과일을 바치게 되었대. 하늘에서 흘러내린 강물에 몸을 담그면서 정화 의식을 하는 거지. 그러면 지은 죄를 씻을 수 있고 죽은 자의 영혼은 하늘로 데려간다고 해.

메소포타미아와 페르시아 신화

바다의 눈물

서아시아에 있는 티그리스 강과 유프라테스 강 사이에 있는 기름진 땅에 사람들이 모여 인류 최초의 문명을 이루었어. 그 지역을 '두 강의 사이'라는 뜻을 가진 메소포타미아라고 불렀어. 그럼 메소포타미아 신화에서는 두 강이 어떻게 만들어졌다고 이야기하고 있을까?

아주 오래전 메소포타미아 지방에는 민물의 신 아프수와 짠물의 신 티아마트가 살고 있었어. 민물은 강이나 호수처럼 염분이 없는 물이고, 짠물은 바다를 가리키는 거야. 둘 사이에는 여러 신들이 태어났는데, 그중에 하늘의 신 아누가 있었단다. 그리고 아누에게는 지혜의 신 에아라는 자식이 있었어.

민물의 신 아프수는 여러 신들이 천방지축 시끄럽게 구는 게 점점 귀찮아졌어. 모두 쫓아내고 혼자 조용히 살고 싶어졌지. 마침 낌새를 알아차린 지혜의 신 에아는 아프수를 먼저 죽이고 왕관을 빼앗았어.

훗날 에아는 아들을 낳았어. 아이는 아주아주 힘이 세서 '태양신의 송

아지'라는 뜻인 마르두크라는 이름을 얻었지.

남편을 잃은 짠물의 신 티아마트는 힘이 센 마르두크가 두려웠어. 그래서 신들 몇 명을 꼬드겨서 마르두크를 없애려 했지. 독사, 상어, 전갈, 폭풍의 악마 등 무시무시한 괴물을 앞세워 전쟁을 일으켰어. 몇 차례 에아가 전쟁에서 지자, 마르두크는 가만히 있을 수 없었지.

"내가 티아마트를 물리치면 나를 신들의 왕으로 받드시오!"

마침내 마르두크가 나서서 외쳤어. 에아의 편에 서 있던 신들은 기다렸다는 듯이 승낙했지.

마르두크는 먼저 바람을 불러 모아 티아마트의 몸을 칭칭 감았어. 그러자 티아마트가 입을 벌리며 마르두크를 먹어 치우려 달려들었지. 마르두크는 몸을 피하며 화살을 날렸어. 화살은 한 치의 오차도 없이 날아가 통쾌하게 티아마트를 쓰러뜨렸어.

신들은 약속대로 마르두크를 신들의 왕으로 삼았어. 마르두크는 티아마트의 몸을 둘로 쪼개어 하늘과 땅을 만들었어. 이때 티아마트의 두 눈에서 흘러내린 눈물이, 바로 티그리스 강과 유프라테스 강이 되었대.

못 말리는 거인 길가메시

메소포타미아에 도시 국가를 건설한 수메르인들은 세계에서 가장 오래된 서사시 《길가메시 서사시》를 남겼어. 그중에서 길가메시의 모험 이야기를 들려줄까 해.

　길가메시는 키가 4미터나 되는 힘센 거인 왕이었어. 하지만 그 힘을 좋은 데 쓰질 않고 우루크 성 백성들을 수시로 괴롭히는 폭군이었지.

　"제발 저희들을 보살펴 주시옵소서."

　하루하루가 괴로웠던 백성들은 어머니 신 아루루에게 달려가 간청했어.

　기도를 들은 어머니 신 아루루는 길가메시와 대적할 만한 엔키두라는 산사람을 흙으로 빚었어. 엔키두는 털이 덥수룩하고 길가메시 못지않은 힘센 장사였지.

　엔키두와 길가메시는 곧 싸움이 붙었지만 힘이 막상막하라 도저히 판가름이 나지 않았어. 그런데 싸우던 와중에 미운 정이 들었는지 둘은 어이없게도 친구가 되어 있었어. 아루루가 길가메시를 혼내 주려고 엔키두를 힘들게 빚었는데 말이야.

　힘이 센 두 사람이 만났으니 얼마나 기세등등해졌겠어. 용사 일곱 명까지 데리고 숲에 사는 괴물 훔바바를 찾아갔어. 숲에서 가장 강한 괴물한테 도전하려는 거였지. 길가메시와 엔키두는 깊은 숲으로 들어가 나무를 쾅쾅 찍고 가지를 탁탁 치며 시끄럽게 굴었어.

　"간도 크지, 나의 달콤한 잠을 깨우는 놈이 누구냐?"

　거대한 덩치를 자랑하듯 훔바바가 벌떡 일어나 소리쳤어. 훔바바의 목소리와 숨결에는 이상한 힘이 실려 있어서 함께 간 용사들이 잠시 정신을 잃고 말았어.

　"감히 나에게 도전하다니 배짱 한번 대단하구나."

"목숨만 살려 주세요. 제 아내와 여동생을 바치겠습니다."

길가메시가 눈치를 보는 척하며 말했어.

훔바바는 여인들을 얻을 생각에 잠시 기쁨에 들떠 방심했지. 순간 길가메시와 엔키두가 힘을 합해 훔바바를 단숨에 때려 눕혀 죽였어. 길가메시 일행은 의기양양하게 성으로 돌아갔어.

이런 길가메시에게 매력을 느꼈는지 사랑의 여신 이슈타르가 불쑥 청혼을 했어. 길가메시에겐 행운이었지만, 콧대가 높아진 길가메시는 눈길도 주지 않았대. 이슈타르는 자기가 먼저 청혼을 했는데 단번에 차이니까 너무 자존심이 상했어. 잔뜩 성질이 난 이슈타르는 하늘의 황소를 앞세워 성으로 쳐들어왔어. 하지만 천하장사 엔키두가 황소의 뿔을 잡고 길가메시가 황소의 목을 찔러 간단하게 해치웠지.

하지만 이 일은 큰 불행을 낳았어. 신들은 하늘의 황소가 죽었다는 이야기를 듣고 크게 노여워하며 둘에게 벌을 주기로 했거든. 신들의 저주를 받은 엔키두는 결국 시름시름 앓다가 병들어 죽고 말았어. 길가메시는 자기도 곧 죽을지도 모른다는 공포에 시달렸어. 그래서 영원한 생명을 얻으려고 다시 길을 나섰지.

긴 여행 끝에, 길가메시는 신들의 대홍수 속에서 살아남은 우트나피시팀에게 영생의 비밀을 알아낼 수 있었어.

"영생을 얻으려면 여섯 날과 일곱 밤을 자지 않고 견뎌야 한다."

하지만 일곱 밤을 안 자는 게 말처럼 쉬운가? 길가메시는 일곱 밤을 다 참지 못하고 중간에 잠이 들고 말았어. 우트나피시팀은 상심한 길가메시가 불쌍했는지 젊어지는 식물이라도 가져가라며 위로해 주었지.

길가메시는 할 수 없이 영원한 생명은 포기하고, 젊어지는 식물만 가지고 갔어. 그런데 성으로 돌아가는 길에 또 방심을 하고 말았어. 길가메시가 잠깐 웅덩이에서 목욕을 하던 사이에 뱀이 젊어지는 식물을 홀랑 훔쳐 먹어 버린 거야.

모든 걸 잃은 길가메시는 신들에게 진심으로 잘못을 빌었어. 친구 엔키두도 살려 달라고 애원을 했지. 그제야 신들은 노여움을 풀고 저승에 갇혀 있던 엔키두를 풀어 주었지만 차갑고 어두운 저승은 영원히 잊을 수가 없어 평생 고통스러워했대.

선과 악의 대결이 만든 세상

페르시아는 이란 고원을 중심으로 번성했던 고대 제국의 이름이야. 고대 이란인들이 '파르스'라는 곳에 살며 '파르시'라는 언어를 쓰자 그리스인들이 페르시아라고 부르기 시작한 데서 유래되었지.

페르시아 신화는 영적인 것들로 가득 찬 새의 알 모양의 세상에 3000년이 흘러 빛과 어둠이 나타난 이야기로 시작해. 빛의 하늘에는 선의 신 아후라 마즈다, 어둠의 땅 밑에는 악의 신 앙그라 마이뉴가 살고 있었어.

처음에는 아후라 마즈다가 빛의 주문을 걸어 악의 신 앙그라 마이뉴를 꽁꽁 묶어 놓았어. 그리고 여러 신들을 만들어 세상을 창조하기 시작했어. 빛나는 황소, 흙으로 빚은 사람 키유마르스도 만들었지. 특히, 키유마르스는 늙지도 아프지도 않는 사람이었어.

그렇게 3000년이 흘러갔어. 빛의 주문이 힘을 잃어 가자 이번에는 깊이 잠들었던 악의 신이 깨어났어. 앙그라 마이뉴는 개구리, 전갈, 뱀 등을 앞세워 땅 위로 나와 독을 뿜어 댔지.

그러자 선의 신에게 명령을 받은 별 시리우스는 사람, 말, 소로 모습을 바꾸며 어둠의 힘에 맞섰어. 우선 홍수를 일으켜서 세찬 물줄기가 바다로 흘러가게 했어. 그리고 바닷물을 퍼 올려 열흘 동안 땅에 뿌렸어. 독기와 고약한 냄새를 품었던 땅은 서서히 비옥해졌어.

하지만 악의 신 앙그라 마이뉴의 독기가 완전히 사라진 건 아니었어. 바다에서 자라던 사에나 나무가 시들시들해지더니 죽고 만 거야. 이번엔

초목의 신이 나설 차례였어. 초목의 신은 죽은 사에나 나무를 가루로 만들어 빗물에 섞어 주었어. 그러자 땅에서 갖가지 약초가 자라나 독기가 만든 병마와 싸우게 되었지.

"내가 그 정도로 기죽을 줄 알고!"

앙그라 마이뉴는 더욱 악랄해졌어. 빛나는 황소와 흙으로 빚은 사람 키유마르스도 죽였지. 하지만 황소의 영혼은 하늘로 올라가 갖가지 동물과 식물로 다시 태어났어. 키유마르스도 그냥 죽지 않고 세상에 정액을 퍼뜨렸지. 땅에 뿌려진 정액은 시간이 흘러 남자와 여자의 모습을 한 나무로 자랐어.

"너희는 이 세상의 조상이 될 것이다. 앞으로 악을 멀리하고 착한 것을 숭배하면서 살아라."

선의 신 아후라 마즈다가 나무에게 영혼을 불어넣으며 속삭였어. 나무는 곧 남자와 여자가 되었지.

둘은 한동안 앙그라 마이뉴의 마력에 걸려 죄를 지으며 살지만, 결국 점차 빛의 힘의 영향을 받아서 아들과 딸 쌍둥이까지 낳게 돼. 이 쌍둥이가 바로 이란 사람들의 조상이래.

후세에 예언자 조로아스터가 이 신화처럼 세상은 선과 악이 대립한다고 이야기했어. 그를 시작으로 조로아스터교라는 종교가 생겼어. 조로아스터교의 중요한 믿음은 바로 악한 것을 극복하고 착한 것이 반드시 승리한다는 거야. 나중에 페르시아에 아랍인들이 쳐들어와서 이슬람교를 전하기 전까지 이란 사람들은 조로아스터교를 믿었다고 해.

● 라파엘로가 그린 〈아테네 학당〉 속에 묘사된 조로아스터의 모습(맨 왼쪽)

뱀 왕을 물리친 영웅

조로아스터교의 경전 《아베스타》에는 신과 창조 외에도 왕과 영웅들의 이야기가 많이 실려 있어. 그중에서 시인 피르다우시의 대서사시 《샤나메》에는 왕과 영웅들의 모험담이 가득 담겨 있어.

아라비아의 어느 사막에 자하크라는 왕이 살았어. 자하크는 악의 신 앙그라 마이뉴의 꼬임에 빠져 아버지를 죽이고 왕이 된 사람이었어.

어느 날, 요리사로 변신한 악의 신 앙그라 마이뉴가 자하크를 찾아왔어.

"제가 왕께 세상에서 가장 맛있는 음식을 해 드리고 싶습니다."

자하크는 지금까지 열매와 곡식만 먹고 살다가 요리사가 해 준 고기 요리를 처음으로 맛보고 반해 버렸지. 그리고 끼니 때마다 온갖 새로운 음식을 만들어 주는 요리사에게 무엇이든 해 주고 싶었어.

"너의 소원이면 무엇이든 들어줄 테니 어서 말해 보아라."

자하크의 말에 요리사는 거침없이 왕에게 다가가 어깨에 입을 맞추었어. 그러자 순식간에 요리사는 사라지고 왕의 두 어깨에서 뱀이 튀어나와 쉭쉭거리는 거야. 혼이 쏙 빠지게 놀란 자하크는 뱀을 떼어 내려고 갖은 방법을 써 보았지만 소용이 없었어.

이번에는 악의 신 앙그라 마이뉴가 의사로 변신해서 자하크를 찾아와 말했어.

"안타깝지만 뱀에게 사람을 제물로 바치는 방법밖에 없습니다."

이때부터 자하크는 날마다 뱀에게 젊은이들을 바치기 시작했어. 악의 신이 원하는 대로 세상은 어두워져 갔지.

하루는 자하크가 이상한 꿈을 꾸었다며 사제들을 불러 모았어. 사제들은 뱀의 제물이 된 사람의 아들 파리이둔이 나타나는 꿈이라고 했지. 왕이 황소를 죽이고 나면, 황소의 보살핌을 받는 파리이둔이 황소 머리 모양의 철퇴를 휘두르며 왕에게 덤빈다는 거야.

자하크는 파리이둔이라는 이름을 가진 아이를 모두 찾아 죽이라고 명령했어. 하지만 예언대로 파리이둔은 깊은 숲 속에 사는 황소가 숨겨 주어 목숨을 건질 수 있었어. 물론 중간에 왕의 군사들이 숲으로 들이닥치는 위기도 있었어. 그럴 때마다 파리이둔은 더 깊은 산속으로 도망쳤지.

파리이둔을 놓친 왕은 약이 올라서 황소를 죽이고 숲을 불태웠어. 파리이둔은 눈물을 삼키며 조용히 힘을 길렀어.

"파리이둔을 찾아 사악한 왕의 손에서 모두를 구합시다!"

어느 날, 한 대장장이가 깃발을 들고 나서서 외쳤어. 황금과 보석으로 꾸민 깃발 끝에는 빛나는 공과 색색의 리본을 매달았어. 자하크 때문에 가족과 사랑하는 이들을 잃은 사람들이 하나둘씩 모여들었지. 대장장이를 비롯한 무리들이 파리이둔을 찾아 깊은 산속으로 향했어.

"신들의 사랑을 받으며 자란 나를 따르시오. 이제 사악한 자를 물리치러 함께 갑시다!"

파리이둔은 대장장이 무리들과 자하크의 성으로 쳐들어갔어. 깃발을 쳐들고 황소 모양의 철퇴를 휘두르며 말이야. 사제들의 예언이 실현되는 순간이었어. 파리이둔과 사람들은 용감히 싸워 성을 점령했어. 자하크는 꽁꽁 묶어서 깊은 산속에 있는 동굴에 가두어 버렸지.

"새로운 왕, 파리이둔 만세!"

사람들이 기쁨에 차서 외쳤단다. 이제 자하크의 무서운 뱀들 때문에 더 이상 제물이 되지 않아도 되었던 거야. 세상에는 더없는 평화가 찾아왔지.

이 이야기처럼 페르시아의 신화 속에서는 왕과 영웅들이 선과 악의 길 가운데 하나를 선택하도록 되어 있어. 그리고 선의 길을 선택한 자는 신들의 보호를 받아 반드시 악을 물리친대.

유럽의 신화는 우리에게 알려진 것이 많아.
올림포스 신들의 이야기가 담긴 그리스 로마 신화와
요정과 거인, 기사와 마법사가 등장하는 북유럽 신화,
켈트족의 신화가 대표적인 유럽의 신화야.
그리스 로마 신화를 알면 유럽의 문화를 이해할 수 있다고 해.
예술과 건축, 역사와 철학 등 다방면에 큰 영향을 끼쳤으니까.
북유럽 신화와 켈트족의 신화를 통해서는
유럽 사람들의 신비로운 생각을 엿볼 수 있지.

그럼, 흥미진진한
유럽 신화 속으로 떠나 볼까?

2장

유럽의 신화

그리스 로마 신화

올림포스의 전쟁

그리스 로마 신화에서는 세상이 만들어지기 전인 혼돈의 세상을 '카오스'라고 해. 카오스의 세계에서 맨 처음 태어난 신은 대지의 여신 가이아야. 대지의 여신 가이아는 하늘의 신 우라노스와 함께 여러 신들을 쑥쑥 낳았어. 티탄족 열두 남매와 외눈박이 거인 키클롭스 삼 형제, 머리가 오십 개 달린 거인 헤카톤케이르 삼 형제였지.

그런데 우라노스는 거인족들이 흉측하다며 보기 싫어했어. 거인족들을 땅속 깊은 곳에 있는 타르타로스 감옥에 가두어 버리기까지 했지. 이 사실을 알고 어머니 가이아가 슬퍼하자 형제들을 구하기 위해서 티탄족의 막내인 크로노스가 나섰지.

크로노스는 가이아가 알려 준 대로 우라노스의 생식기를 잘랐어. 이때 우라노스의 피에서 복수의 여신인 에리니에스 자매, 거인족 기간테스, 물푸레나무의 요정 멜리아가 태어났어. 생식기에서는 사랑과 미의 여신 아프로디테가 태어났지.

대장이 없어졌으니 이제 크로노스의 세상이 될 판이었어. 하지만 우라노스는 그냥 죽기는 억울했는지 크로노스에게 저주의 말을 남기고 사라졌어.

"너도 나처럼 자식에게 쫓겨나게 될 것이다!"

우라노스가 위로 떨어져 나가며 외쳤어. 이때부터 딱 붙어 있던 하늘과 땅이 떨어지게 되었대.

크로노스는 티탄족 중 하나인 레아와 결혼하며 행복한 일만 남은 줄 알았어. 하지만 내심 우라노스의 저주가 불안했는지 레아가 아이를 낳을 때마다 꿀꺽꿀꺽 삼켜 버렸어. 더 이상 아기를 빼앗길 수 없다고 생각한 레아는 살짝 꾀를 내었어. 여섯째 아이가 태어났을 때, 갓난아기 대신 돌덩이를 옷으로 싸서 크로노스에게 건네준 거야. 크로노스는 아무것도 모르고 돌덩이를 꿀꺽 삼키며 안심을 했어. 레아는 얼른 여섯째 아이를 다른 곳으로 보내야 했어. 크로노스에게 들키면 안 되니까.

"아가야, 부디 무럭무럭 잘 자라라."

이 아이는 훗날 올림포스의 대표 신이 되는 제우스야. 레아는 제우스를 크레타 섬으로 보내 요정들에게 보살펴 달라고 부탁했어. 덕분에 제우스는 늠름하게 자랐지. 크로노스와 대적할 만큼 강해지기도 했어. 가이아는 기회는 이때다 하고 제우스에게 크로노스를 물리치라고 명령을 했어.

제우스는 크로노스를 속여 토하게 하는 약부터 먹였어. 크로노스는 제우스가 자기 자식 중 한 명일 거라고는 꿈에도 생각하지 못했지. 약을 먹은 크로노스는 제우스 대신 삼킨 돌과 포세이돈, 하데스, 헤라, 데메테르, 헤스티아를 차례로 토했어. 제우스는 형제들과 힘을 합쳐 크로노스와

싸웠어. 하지만 티탄족을 거느린 크로노스는 만만한 상대가 아니었어.

"제우스야, 지하 감옥에 갇혀 있는 거인족에게 도움을 청하렴."

보다 못한 대지의 여신 가이아가 슬며시 방법을 알려 주었어. 제우스는 곧장 지하로 달려가 거인족을 구해 냈어. 그 보답으로 거인족은 제우스에게 번개와 우레를, 하데스에게는 보이지 않는 투구를, 포세이돈에게는 삼지창을 주었어. 그리고 함께 크로노스를 공격했지. 거인족의 무기는 큰 힘을 발휘했어. 게다가 손이 백 개씩 달린 헤카톤케이르 삼 형제가 쉴 새 없이 바위를 던지며 공격해 제우스가 승리할 수 있었어.

제우스는 지하 감옥에 크로노스와 티탄족을 가두고 헤카톤케이르 삼 형제에게 문을 지키게 했어. 그리고 하늘은 제우스, 바다는 포세이돈, 지하 세계는 하데스가 다스렸어. 이외에도 헤라, 데메테르, 헤스티아, 아테나, 아프로디테, 아르테미스, 헤르메스, 헤파이스토스, 아레스는 올림포스를 대표하는 열두 신이 되어 함께 세상의 질서를 지키게 되었단다.

절대로 열면 안 되는 상자

올림포스의 대장 제우스가 티탄족과 크로노스의 연합군이랑 전쟁을 할 때였어. 티탄족의 하나였던 프로메테우스는 앞일을 내다보는 능력이 있었기 때문에 제우스가 이길 거라는 걸 미리 알고 있었어. 그래서 동생 에피메테우스를 데리고 제우스 편으로 돌아섰지.

전쟁에서 이긴 제우스는 프로메테우스에게 인간을 만드는 임무를 줬어. 프로메테우스는 흙으로 신을 닮은 남자를 만들었지. 하지만 제우스가 보기엔 외모만 닮았지 너무 부족해 보였어. 제우스는 인간들을 전부 없애고 멋지게 새로 만들려고 했어.

하지만 프로메테우스가 누구야? 앞일을 내다볼 줄 알았던 프로메테우스는 제우스의 계략을 미리 알고 과감하게 신들의 불을 몰래 훔쳐다 인간들에게 주었어. 인간들은 신처럼 완전하지는 않았지만 프로메테우스의 불을 받고 나서 그걸로 여러 가지 일들을 해낼 수 있게 되었어. 새로운 도구를 만들고, 사냥을 하고, 농사도 짓게 되었지. 제우스는 약이 올랐지만 한 번은 참았어.

그 다음에는 인간이 제물로 바친 짐승을 신과 인간이 어떻게 나누는지가 문제가 되었어. 프로메테우스는 자신이 만든 인간에게 더 나은 것을 주고 싶었어. 그래서 맛있는 고기를 뻣뻣한 위장으로 감싸서 맛없어 보이게 하고, 맛없는 뼈는 뽀얀 지방으로 감싸서 맛있게 보이게 했지.

"당연히 가장 맛있는 부위를 신들이 먹어야지."

제우스는 겉보기에 맛있어 보이는 뼈를 선택했어. 하지만 곧 자신이 속은 걸 알아차리고는 괘씸한 인간들에게서 불을 빼앗아 버렸어. 하지만 프로메테우스는 대장간의 신 헤파이스토스에게서 또다시 불을 훔쳐서 인간에게 가져다준 거야. 화가 머리끝까지 난 제우스가 프로메테우스를 잡아다가 코카서스 바위에 쇠사슬로 꽁꽁 묶어 놓았어.

"괘씸한 녀석! 날마다 독수리가 프로메테우스의 간을 쪼아 먹게 하라!"

프로메테우스는 신이기에 죽을 수가 없었어. 대신 독수리에게 쪼아 먹힌 간은 날마다 새로 돋아났지. 그래서 매일 같은 고통을 다시 겪어야 하는 벌을 받게 된 거야. 시간이 지나 제우스는 화가 좀 풀렸는지 프로메테우스에게 한 가지 제안을 했어.

"내가 영원히 왕을 할 수 있는 방법을 알려 주면 너를 용서하겠다."

프로메테우스는 단칼에 거절했어. 더 바짝 약이 오른 제우스는 프로메테우스에게 벌을 내리는 걸로 끝내지 않았어. 프로메테우스가 만든 인간들에게 직접 벌을 내리기로 한 거야. 먼저 헤파이스토스에게 여자를 만들라고 했어. 헤파이스토스는 아름다운 여인 판도라를 만들어 세상에 내려보냈어. 판도라는 프로메테우스의 동생 에피메테우스를 찾아갔어.

"저와 결혼해 주시겠어요?"

판도라의 부드러운 목소리에 에피메테우스는 자기도 모르게 고개를 끄덕였어. 사실 프로메테우스가 제우스의 선물을 조심하라고 미리 일러 주었는데도 말이야.

둘의 결혼 생활은 더없이 행복했어. 하지만 제우스의 심술이 아직 끝나지 않았지. 제우스는 판도라한테는 선물 상자를 하나 주었어. 그리고 상자를 건네면서 절대 열어 보지 말라는 말을 덧붙였지. 그런데 그 말에 함정이 있었어. 제우스의 말 때문에 판도라는 상자 속이 더 궁금했어.

"도대체 상자 안에 뭐가 들어 있을까? 에이, 한 번 연다고 별일이야 있겠어?"

결국 판도라는 상자를 열어 보고 말았어. 순간 상자 안에서 슬픔과 고통, 가난과 질병, 시기와 증오 등 온갖 불행과 재앙이 튀어나와 퍼져 나갔지. 깜짝 놀란 판도라가 얼른 상자를 닫았지만 이미 때는 늦었어.

제우스가 정말 무시무시한 복수를 한 것 같아. 하지 말라고 하면 더 하고 싶은 인간의 심리를 이용해서 이런 고통을 던져 주었으니 말이야. 대

신 판도라가 재빨리 상자를 닫을 때, 딱 하나 빠져나오지 못한 게 하나 있는데, 바로 '희망'이래. 그래서 온갖 불행이 세상을 떠돌아다녀도 인간의 가슴속에는 희망을 간직할 수 있게 된 거라고 해.

세상에 겨울이 생긴 이유

옛날 사람들은 자연 현상을 참 두려워했어. 벼락을 내리치고, 홍수와 가뭄을 만들고, 혹독한 추위를 몰고 오는 자연은 인간을 위협하는 존재였지. 하지만 사람들은 자연을 마냥 무서워하고만 있지 않고 신화를 통해서 자연 현상의 이유를 찾고 극복하려고 노력했어. 지금부터 들려줄 페르세포네 이야기도 그중 하나지.

지하 세계를 다스리는 신 하데스는 '눈에 보이지 않는 자'라는 이름에 걸맞게 거의 지하 세계에서만 머물렀어. 그러니 다른 신들과 어울리지도 못하고 사랑에 빠질 일도 거의 없었지.

"하데스, 저 답답한 녀석! 에로스, 가서 하데스에게 사랑의 화살을 하나 날려 줘!"

미의 여신 아프로디테는 궁상맞게 사는 하데스가 참 못마땅했어. 사랑도 모르고 혼자 지내는 꼴이 영 안돼 보였지. 그래서 화살을 맞으면 무조건 사랑에 빠지게 해 주는 에로스의 화살을 쏘라고 한 거야. 에로스는 신이 나서 하데스를 찾아가 심장에 사랑의 화살을 쏘았지.

화살을 맞은 하데스는 단번에 기분이 이상해졌어. 평소와는 다르게 지상으로 올라와 바람을 쐬면서 울렁울렁해진 기분을 즐겼지. 마침 들판에는 온갖 꽃들이 만발하고 있었어. 그리고 그곳에서 꽃향기를 맡고 있는 아름다운 여인 페르세포네가 있었지.

사랑의 화살을 맞은 하데스는 페르세포네에게 한눈에 반했어. 그리고 자신도 모르게 페르세포네를 꽉 껴안아 버렸지. 그 순간, 땅이 쩍 갈라지면서 순식간에 둘은 지하 세계로 들어가 버렸어.

사실 페르세포네는 땅과 곡식의 여신인 데메테르의 딸이었어. 딸이 없어진 걸 안 데메테르는 온갖 데를 찾아다녔어. 하지만 어디에서도 딸을 찾을 수가 없자, 매일 먹지도 않고 자지도 않고 슬퍼만 했지. 땅의 여신이 기운이 없어지니까 풀과 나무와 곡식이 하나둘씩 메말라 갔어. 데메테르를 딱하게 여긴 태양신 헬리오스는 하늘에서 본 일들을 슬쩍 귀띔을 해 주었지.

"데메테르, 페르세포네가 지하 세계로 끌려가는 걸 제가 봤어요."

데메테르는 씩씩거리며 곧장 제우스를 찾아갔단다.

"제 딸을 구해 주지 않으면 더 이상 땅을 돌보지 않겠어요!"

데메테르가 화가 나서 소리쳤어. 깜짝 놀란 제우스는 할 수 없이 하데스에게 전령을 보냈지. 어서 페르세포네를 풀어 주라고 말이야.

"사랑하는 페르세포네, 이제 당신을 돌려보내야 해요. 그동안 아무것도 먹지 않았던 게 걱정되니까 마지막으로 이거라도 먹고 가요."

하데스는 체념한 듯 페르세포네에게 석류를 건넸어. 페르세포네는 그제야 돌아갈 수 있다는 사실에 마음이 놓여 석류 몇 알을 먹었어. 하지만 이건 하데스의 계략이었지.

"지하 세계의 음식을 먹었으니 이곳에서 영영 나갈 수 없을 거요."

하데스는 페르세포네를 놓아주지 않으려 했던 거야.

데메테르는 화가 머리끝까지 나서 제우스를 또 찾아갔지.

"풀어 준다고 약속하지 않았나요? 이런 식으로 계속 약속을 어기면 앞으로 땅에서 곡식을 거둘 생각은 하지도 마세요!"

제우스는 곰곰이 생각한 후에 하데스와 데메테르에게 서로 한 발씩 양보하게 했어. 그러니까 페르세포네가 지하 세계와 땅 위에서 번갈아 지내는 걸로 결론을 낸 거지.

그래서 페르세포네가 지하 세계에서 지내는 동안에는 곡식이 자라지 않게 되었대. 딸을 보내고 나서 슬픔에 잠긴 데메테르가 땅을 돌보지 않기 때문에 땅 위에 있는 모든 생명들이 활동을 멈추는 겨울이 오게 된 거야.

큰곰자리의 전설

북두칠성이 포함된 별자리를 서양에서는 큰곰자리라고 부른단다. 큰곰자리에 얽힌 그리스 로마 신화도 있는데 그 주인공은 바로 요정 칼리스토야.

옛날 어느 숲 속에 칼리스토라는 아름다운 요정이 살고 있었어. 어느 날, 신들의 왕 제우스 눈에 아름다운 요정 칼리스토가 쏙 들어왔어. 제우스는 평소 킬라토스가 따르는 여신 아르테미스로 변신해서 칼리스토와 친해졌어. 그러고는 칼리스토와의 사이에 아르카스라는 아들까지 얻게 되지.

이 사실을 알게 된 제우스의 아내 헤라는 화가 치밀었어. 바람둥이 남편 때문에 늘 골치를 썩던 헤라잖아.

"당장 곰으로 변해라!"

헤라는 칼리스토에게 주문을 걸었어. 순간 칼리스토의 여린 살결은 거친 털로 덮였고, 슬픈 목소리는 맹수의 울부짖음으로 바뀌었지. 칼리스토는 아름다움을 잃은 것보다 더 이상 아들을 보살필 수 없게 된 게 가장 슬펐어. 하지만 어쩔 수 없이 홀로 숲 속 깊은 곳으로 떠나야만 했지.

그렇게 세월이 흘러간 어느 날이었어. 곰이 된 칼리스토는 숲 속에서 살다가 늠름하게 생긴 한 사냥꾼과 마주쳤어.

"아르카스, 내 아들!"

칼리스토는 아들을 다시 만난 기쁨 때문에 자기가 곰이 되었다는 사실을 잠깐 잊고 사냥꾼에게 달려들었어. 순간 깜짝 놀란 사냥꾼은 곰이 자신을 공격하는 줄 알고 창을 높이 쳐들었어.

"안 돼! 그 곰은 바로 네 어머니다!"

이 모습을 지켜보던 제우스가 황급히 나타나 주문을 걸며 외쳤어. 아들이 어머니를 죽이는 비극을 막기 위해서였어. 순간 칼리스토와 아르카스는 짧은 비명을 지르며 회오리바람에 말려 하늘로 올라갔어. 둘은 별이 되어 칼리스토는 큰곰자리가, 아르카스는 작은곰자리가 되었지.

하늘로 올라간 칼리스토가 전보다 더 아름답게 빛나자 헤라는 다시 질투를 하기 시작했어. 그래서 바다의 신 포세이돈에게 두 모자가 절대 물을 마시지 못하게 해 달라고 했지. 결국 헤라의 질투 때문에 두 모자는 별이 된 채로 북극 하늘에만 맴돌게 되었대.

나라마다 다른 북두칠성 이야기

중국에서는 북두칠성이 죽음에 관한 일에 관여한다고 믿었다. 그래서 사람이 죽으면 머리를 북쪽 방향으로 향하게 했다. 우리나라에서도 북두칠성을 신성하게 여겨 칠성신이라고 부르기도 했다. 그리스 사람들과 아메리카 원주민은 북두칠성을 곰이라고 생각했다. 이집트에서는 북두칠성과 별들을 소와 누워 있는 사람, 악어를 등에 진 하마의 행렬로 보았다. 영국에서는 농부의 마차나 쟁기로, 아라비아에서는 사람이 죽으면 넣는 관이라고 생각했다.

헤라클레스의 열두 가지 과제

신화에서 영웅들은 보통 사람들이 도저히 해낼 수 없는 온갖 어려움을 극복해 내곤 해. 그리스 로마 신화에 등장하는 수많은 영웅들 중에는 누가 가장 유명할까? 아마 한 명만 꼽으라면 대부분 헤라클레스를 뽑을 거야.

헤라클레스는 올림포스 최고의 신 제우스와 인간 사이에서 태어난 아이야. 아이는 제우스를 닮았는지 태어날 때부터 힘이 매우 셌다고 해. 그래서 다 커서는 테베에 있는 적국의 왕을 죽이는 공을 세우기도 했지. 덕분에 그곳의 공주를 아내로 맞아서 아이도 낳고 행복하게 지내고 있었어.

하지만 제우스의 바람기 때문에 골치가 아팠던 아내 헤라가 가만히 두고 볼 리 없었지. 헤라는 질투가 심한 여신이니까. 그 미움의 표적은 당연히 헤라클레스가 되었어. 헤라는 심술을 부리기로 작정하고 하녀로 변장해서 헤라클레스의 집으로 갔어. 그러고는 헤라클레스에게 정신을 잃게 하는 술을 가져다주었지.

"용사님, 이 술은 세상에서 가장 귀한 술이랍니다."

헤라클레스는 헤라가 준 술을 벌컥벌컥 마시고는 잔뜩 취해서 아내와 아이들을 죽이고 말았어. 너무 끔찍한 일이 벌어진 거지.

"신이시여! 어떻게 하면 저의 죄를 씻을 수 있습니까?"

정신을 차린 헤라클레스는 신전으로 가서 울부짖었어. 그러자 신에게서 미케네 왕의 열두 가지 과제를 해결하라는 답이 돌아왔어. 헤라클레스는 그길로 미케네 왕을 찾아갔어.

"네가 힘이 세다고 소문이 자자하던데, 그렇다면 네메아 숲에 사는 괴물 사자의 가죽을 벗겨 와 보거라!"

평소 헤라클레스를 싫어하던 미케네 왕은 이때다 싶어 일부러 힘든 과제를 골라서 냈어. 하지만 헤라클레스는 주저하지 않고 네메아 숲으로 달려갔지. 화살에도 끄덕하지 않던 괴물 사자를 몽둥이로 내리치고 목을 졸라서 가죽을 벗겨 왔어.

미케네 왕은 가죽을 보더니 흠칫 놀라며 두 번째 과제를 냈어.

"깊고 깊은 늪에 사는 히드라의 목을 가져오라!"

히드라는 머리가 아홉 개 달린 괴물 뱀이야. 히드라의 머리는 헤라클레스가 아무리 잘라 내도 계속 생겨났어. 순간 헤라클레스에게 좋은 생각이 떠올랐지. 머리를 베어 내자마자 새로운 머리가 올라오지 못하도록 횃불로 지지는 거였어. 그렇게 머리를 하나씩 베었는데 마지막 하나는 절대로 없어지지 않았어. 그래서 마지막 머리를 베고는 재빨리 흙 속에 묻고 엄청나게 무거운 돌을 올려놓았지. 헤라클레스는 히드라의 목을 가지고 의기양양하게 돌아왔어.

다음 과제는 아르테미스 여신이 아끼는 황금 뿔이 달린 사슴을 산 채로 잡아 오는 과제였어. 무려 1년이나 걸렸지. 또 다른 과제로, 에리만토스 산에 사는 사나운 멧돼지를 독 묻은 화살로 처치했어. 미케네 왕은 허겁지겁 다섯 번째 과제를 냈어.

"아우게이아스 왕의 외양간을 하루 안에 청소하라!"

그 외양간에는 삼천 마리의 소가 들어 있었는데, 한 번도 청소를 하지 않았는지 똥이 산처럼 쌓여 있었어. 냄새는 또 얼마나 고약한지 숨을 쉴 수 없었어. 아무리 힘이 센 헤라클레스도 산처럼 쌓여 있는 똥을 혼자 퍼낼 자신은 없었지.

헤라클레스는 이번에도 꾀를 내었어. 일단 소들을 향해 채찍을 휘두르고 나팔을 빵빵 불어 댔지. 소들은 깜짝 놀라 바깥으로 뛰쳐나갔어. 헤라클레스는 이때다 싶어 강에서 물줄기를 끌어왔어. 그러자 강물에 외양간의 똥들이 싹 씻겨 내려가는 거야. 순식간에 외양간이 깨끗해졌지.

다음엔 스팀펠리데스의 사나운 새들을 몰아내는 것이었어. 이 새들은 부리와 발톱이 강철로 되어 있어서 청동 갑옷도 찢어 버리는 무시무시한 새들이었지. 그래서 헤라클레스는 자기 손으로 직접 쫓아내지 않고, 아테나 여신에게 얻은 종을 시끄럽게 쳐서 새들을 몰아냈어.

미케네 왕은 숨 쉴 틈도 주지 않고 계속해서 과제를 냈어. 헤라클레스도 주저하지 않고 과제를 해냈지. 포세이돈의 저주를 받은 황소를 한 손으로 붙잡아 오기도 하고, 사람을 잡아먹는 식인 말에게 포악한 왕과 부하들을 먹이로 주고는 길들여서 잡아 오기도 했어. 아마존 여왕의 허리띠를 가져오는 과제는 헤라가 훼방을 놓는 바람에 아주 힘겹게 빼앗아 왔지. 또한, 괴물 게리온의 붉은 소는 독화살로 처치했어.

열 번째 과제마저 마치고 나자, 미케네 왕은 약이 올라 더욱 어려운 과제를 생각해 냈어. 바로 헤라의 동산에서 황금 사과를 따 오는 과제였지. 헤라클레스는 곰곰이 생각한 후에, 황금 사과를 지키는 여신들의 아버지인 아틀라스를 찾아갔어. 아틀라스라면 황금 사과를 쉽게 구할 테니까.

　아틀라스는 마침 지구를 들고 있는 벌을 받고 있었어. 헤라클레스는 대신 지구를 들어 주겠다고 하고, 아틀라스에게 황금 사과를 따 오게 시켰지. 아틀라스는 막상 몸이 홀가분해지니까 다시 돌아가서 지구를 들고 있고 싶지 않았어. 그래서 얼른 꾀를 내어 이렇게 말했지.

"내가 대신 황금 사과를 전해 주겠네."

　이때 눈치 빠른 헤라클레스가 자세를 바로잡아야 하니 잠깐 어깨를 덧대 달라고 했어. 그리고 아틀라스가 지구를 떠받치는 순간, 얼른 사과를 들고 도망쳤단다.

마지막 열두 번째 과제는 지금까지 중에 가장 어려운 것이었어. 지하 세계의 문을 지키는 괴물 개를 잡아 오라는 과제였지. 우여곡절 끝에 헤라클레스는 지하 세계를 다스리는 신 하데스한테 갈 수 있었어.

"흐음, 맨손으로 잡는다면 데려가도 좋다."

하데스가 생각하기에도 괴물 개를 맨손으로 잡을 수 있는 사람은 이 세상에 없어 보였지. 하지만 헤라클레스는 보기 좋게 맨손으로 괴물 개의 목을 조여 미케네 왕에게 데려갔어. 물론 미케네 왕은 괴물 개를 보자 걸음아 날 살려라 하고 도망쳤대.

어때? 헤라클레스가 열두 가지 과제를 하면서 만난 괴물들을 상상해 보니 무시무시하지? 괴물들이 무서울수록 그것들을 물리친 헤라클레스의 영웅적 능력이 더욱 빛날 수 있었던 거겠지.

신탁이 만든 영웅 페르세우스

그리스 로마 신화에서는 '신탁'이라는 말이 자주 나와. 신탁은 인간이 판단할 수 없는 물음에 신이 대답을 해 주는 거야. 실제로 그리스 델포이 지방의 신탁은 유럽에서 가장 권위 있는 곳이었어. 당시에는 그리스뿐만 아니라 멀리 외국에서도 찾아올 정도였지. 지금부터 들려줄 이야기는 바로 이 '신탁' 때문에 벌어진 사건이야.

그리스 남부에 있는 아르고스에서 다나에 공주와 올림포스 최고의 신 제우스 사이에서 아기가 태어났어. 깜짝 놀란 아르고스의 왕은 다나에 공주와 아기를 나무 상자에 넣어 바다에 버렸어. 딸이 낳은 아이가 왕을 죽일 거라고 한 신탁 때문이었지. 다행히도 다나에 공주와 아기 페르세우스는 세리포스 섬의 어부에게 발견되어 무사할 수 있었어.

어느 날, 세리포스의 왕이 아름다운 다나에를 보고 반하는 일이 생겼어. 왕은 다나에를 아내로 삼으려 했지만, 건장하게 자라서 어머니 곁에 턱 버티고 있는 페르세우스가 걸리적거렸지. 왕은 살짝 꾀를 냈어.

"페르세우스! 메두사의 머리를 가져오지 못하면 네 어머니는 나와 결혼해야 할 것이다."

메두사는 뱀으로 된 머리카락을 가진 괴물인데, 눈이 마주친 사람은 모두 돌로 만드는 무시무시한 힘을 갖고 있었어. 세리포스의 왕은 당연히 페르세우스가 메두사를 잡을 수 없을 거라고 생각한 거지.

"다들 페르세우스를 좀 도와줘라."

아들을 걱정하던 제우스는 신들에게 명령을 했어. 그리하여 전쟁의 여신 아테나는 청동 방패를, 전령의 신 헤르메스와 요정들은 날개 달린 신발과 마법의 칼, 자루를 마련해 주었단다.

신들에게 든든한 무기를 받은 페르세우스는 메두사의 동굴 입구에 도착했어. 주위에는 이미 돌로 변한 이들이 빽빽하게 서 있었어.

"이 괴물아! 당장 나와라!"

페르세우스는 청동 방패를 마구 쳐서 메두사를 깨웠어. 드디어 거대한 메두사가 스멀스멀 기어 나왔어. 메두사와 눈이 마주치면 안 되니까 페르세우스는 청동 방패에 비친 메두사의 모습을 보고 마법의 칼로 머리를 베었어. 그리고 요정들이 준 자루에 얼른 메두사의 머리를 담았지. 이 모습을 보고 성난 메두사의 자매들이 달려들자 페르세우스는 날개 달린 신발로 훌쩍 날아올라 재빨리 도망쳤어.

페르세우스는 세리포스로 돌아가던 길에 바다 괴물의 제물이 될 뻔한 안드로메다 공주를 구하고 아내로 맞이하여 당당하게 돌아왔어.

"메두사가 쉽게 잡힐 리가 없지, 암."

세리포스의 왕은 메두사 머리가 있을 거라고는 상상도 못 하고 페르세우스의 자루 안을 들여다보았어. 왕은 순식간에 딱딱한 돌로 변해 버렸지. 페르세우스는 그제야 어머니와 아내를 데리고 고향 아르고스로 향했단다.

물론 이 이야기를 전해 들은 아르고스의 왕은 겁을 잔뜩 집어먹고 테살리아의 라리사라는 곳으로 몸을 피했어. 그 무렵 운명의 장난인지 페르세우스 일행도 마침 라리사에 다다랐어. 원반 경기 때문에 들썩이고 있는 분위기 때문에 자연스럽게 이끌렸던 거야. 메두사를 물리친 페르세우스는 자신감이 하늘을 찔렀지. 원반 경기에 나가서 자신의 능력을 뽐내고 싶어졌어.

원반 경기에 출전한 페르세우스는 힘껏 원반을 던졌어. 그런데 그만 원반이 손에서 미끄러져 관중석으로 날아갔지 뭐야.

"아악!"

그때 외마디 비명과 함께 한 사람이 원반에 맞아 죽고 말았어. 그 사람은 바로 관중석에 숨어 있던 아르고스의 왕이었지. 이렇게 하여 자신의 손자에게 죽임을 당한다는 신탁이 맞아떨어진 거야. 뒤늦게 이 사실을 안 페르세우스는 슬퍼했지만 이미 돌이킬 수 없는 일이었단다.

사과에서 시작된 전쟁

트로이 전쟁은 그리스와 트로이 사이에 무려 10년이나 계속된 전쟁이야. 이 전쟁 이야기 속에는 여러 전쟁 영웅과 신이 얽혀 있지.

이야기의 시작은 올림포스에서 열린 성대한 결혼식 사건부터야. 올림포스의 신들이 다 모인 결혼식에 딱 한 명만 초대받지 못한 신이 있었어. 바로 불화의 여신 에리스였단다.

"감히 나만 쏙 빼놓고 결혼식을 해?"

어떻게 소식을 들었는지 에리스가 씩씩거리고 결혼식장에 나타났어. 에리스는 워낙 성격이 불 같아서 엄청 난동을 피울 줄 알았는데, 의외로 조용히 사과만 하나 툭 던져 놓고 사라져 버렸어. 사과에는 '가장 아름다운 여신에게'라고 쓰여 있었지.

"가장 아름다운 여신이라고? 나한테 주는 사과였구나."

미의 여신 아프로디테가 얼른 사과를 집으려고 했어. 그런데 제우스의 아내 헤라와 전쟁의 여신 아테나가 아프로디테의 앞을 가로막았지. 그리고 셋은 서로 자신이 가장 아름답다고 다투기 시작했어.

결론이 나지 않자, 세 여신은 올림포스 최고의 신 제우스에게 결정해 달라고 졸랐어. 세 여신의 성격을 누구보다 잘 알고 있던 제우스는 정말 난감했어. 누구를 선택해도 나머지 두 여신에게 괴롭힘을 당하게 될 게 뻔했지. 궁리 끝에 제우스는 양치기 파리스에게 심판을 떠넘겼어.

사실 파리스는 트로이의 왕자였는데, 어머니가 파리스를 낳을 때 횃불이 도시 전체를 불태우는 꿈을 꿔서 산에 버려진 왕자였어. 그 꿈이 트로이의 멸망을 가져오는 꿈이라고 해서 버려진 거지. 파리스도 죽을 운명은 아니었는지 양치기에게 발견되어 나름 잘 살고 있었어.

"이 땅에서 가장 큰 왕국의 왕으로 만들어 주마."

"절대로 패배하지 않는 영웅으로 만들어 주겠다."

헤라와 아테나는 파리스에게 선택받기 위해서 경쟁하듯 엄청난 조건을 내걸었어. 파리스는 쉽게 대답하지 못하고 머뭇거렸지.

"난 네가 이 세상에서 가장 아름다운 여인과 사랑할 수 있게 해 주마."

그때 아프로디테가 파리스의 귀에 대고 달콤한 목소리로 속삭였어. 파리스는 아프로디테의 아름다운 모습에 취해 자신도 모르게 사과를 건네주고 말았어.

훗날 파리스는 스파르타의 왕비인 헬레네를 사랑하게 돼. 헬레네는 이 세상 사람이 아니라고 할 만큼 아름다운 여인이었어. 사랑에 빠진 파리스는 아프로디테의 도움으로 헬레네를 데리고 도망쳤단다.

"감히 내 아내를 훔쳐 가다니 가만두지 않겠다!"

왕비를 빼앗긴 스파르타 왕은 파리스가 트로이의 왕자라는 걸 알고 트로이를 상대로 전쟁을 일으켰어. 이렇게 에리스가 던진 사과는 불화의 씨

● 터키 트로이에 있는 대형 목마 모형

앗이 되어 트로이 전쟁까지 일으켰던 거야. 파리스에게 거절당했던 헤라와 아테나가 가만히 있었을까? 당연히 스파르타를 비롯한 그리스 동맹군의 편을 들고 나섰지.

전쟁의 결말은 그리스군이 커다란 목마를 트로이 진영에 남기고 철수하는 데서 시작되지. 트로이군은 그리스군이 도망친 줄 알고 목마를 성 안으로 들여놓고 승리의 파티를 열어. 하지만 트로이군이 술에 취해 곯아떨어진 사이에 목마 안에 숨어 있던 그리스군이 몰래 나와 성문을 열고 밖에 숨어 있던 군대와 함께 공격했어. 길고 길었던 이 전쟁은 트로이 성이 함락되면서 막을 내렸단다. 그러니까 파리스가 트로이를 멸망시킨다는 예언도 맞았던 거야.

일리아드와 오디세이

트로이 전쟁에 얽힌 이야기는 수많은 영웅 서사시로 만들어졌다. 그중에서 뛰어난 문학성을 인정받은 작품은 호메로스의 《일리아드》와 《오디세이》다. 《일리아드》는 트로이 전쟁의 영웅 아킬레우스를 중심으로 그리스군이 트로이를 공격하는 마지막 해에 일어난 사건들을 다루었다. 《오디세이》는 트로이 전쟁 후의 사건들을 오디세우스라는 인물을 중심으로 풀어 나가는 이야기다. 오디세우스가 10년에 걸쳐 고향으로 돌아오면서 겪는 흥미진진한 모험이 펼쳐진다.

북유럽과 켈트 신화

지혜를 탐낸 오딘

그리스 로마 신화의 대표 신은 제우스였지. 그럼 북유럽을 대표하는 신은 누구일까? 북유럽 최고의 신은 오딘이라고 해. 오딘은 챙이 넓은 모자를 쓰고 덥수룩한 수염을 기른 모습으로 유명하지. 한쪽 눈이 없는 것도 특징이야. '싸움의 아버지', '창을 던지는 자', '전쟁에서 죽은 자들의 아버지'라는 별명도 가지고 있어. 하지만 이런 센 별명과는 달리 현명한 신으로 유명해. 오딘이 최고의 신이 된 건 그만한 노력이 있었기 때문이야.

어느 날, 오딘은 신들이 사는 세계 아스가르드를 떠나 거인 나라인 요툰헤임으로 향했어. 지혜를 가진 거인을 찾아가기 위해서였지. 오딘을 본 거인은 위협적으로 창을 휘두르며 말했어.

"지혜를 얻고 싶다고? 이 문제를 푼다면 답을 얻을 것이고 못 푼다면 내 손에 죽을 것이다."

이 거인은 지혜를 구하는 자들에게 문제를 내고 못 풀면 목을 쳐서 죽이곤 했어.

"신들이 사는 세상과 이곳을 가로지르는 강의 이름은 무엇인가?"
"이빙 강이오."

거인의 물음에 오딘은 망설이지 않고 침착하게 대답했어. 그러자 거인이 슬쩍 오딘을 살펴보았어. 곧 최고의 신 오딘이란 걸 알아차렸는지 바로 꼬리를 내리고 공손하게 태도를 바꾸었지.

"궁금한 걸 말씀하세요. 모두 알려 드리지요."

"지혜의 샘물을 얻고 싶은데 샘을 지키는 거인 미미르가 무엇을 원할지 미리 알고 싶소."

"한쪽 눈을 달라고 할 것입니다."

● 오딘의 모습을 담은 18세기 그림

거인의 말에 오딘은 잠시 고민했어. 하지만 곧바로 결심을 하고 지혜의 샘물을 찾아갔단다. 그러고는 거인 미미르에게 한쪽 눈을 서슴없이 내주고 지혜의 샘물을 마셨지.

지혜를 얻은 오딘은 이번에는 마법의 술을 찾아 떠났어. 마법의 술은 일부 사악한 난쟁이들이 오랫동안 여행을 하며 많은 지식을 모은 시인들을 죽여 담근 술이었어. 그래서 마법의 술을 마시면 누구든 현명해지고 시인이 될 수 있다는 거야.

　오딘은 마법의 술이 있는 동굴을 찾아갔어. 마법의 술은 흉측한 마녀가 지키고 있었는데, 오딘은 뱀으로 변신해 들어가 훔쳐 낼 수 있었어. 더불어 마법에 걸려 흉측해진 마녀의 저주도 풀어 주었지.

　"아직도 부족해. 세상을 지키려면 더 현명해져야 해."

　오딘은 더욱더 지혜로워지길 바랐어. 이번에는 거대한 물푸레나무에 매달려 먹지도 마시지도 않으며 무언가를 깨달으려 했어. 창으로 몸을 쿡쿡 찔러 상처를 내며 고통을 참아 보기도 했지. 그렇게 아흐레 만에 앞날의 일을 미리 알게 되는 예지력을 얻게 되었어.

　이후에도 오딘은 갖은 노력으로 나날이 현명해졌어. 하지만 평생 한쪽 눈이 없이 살아야만 했지. 그래서 챙이 넓은 모자를 쓰고 수염을 길러서 사람들의 눈을 피했다고 해.

북유럽 신화의 세계 '위그드라실'

옛날 북유럽 사람들은 세상을 거대한 물푸레나무라고 생각했다. 그리고 이 물푸레나무 세계는 '위그드라실'이라고 불렀다. 우주를 뚫고 솟아난 나무라고 해서 '우주수'라고도 한다. 물푸레나무는 세 갈래의 거대한 뿌리가 있다. 첫 번째 뿌리는 신들이 사는 세상인 '아스가르드'이다. 아스가르드에는 과거와 현재, 미래를 상징하는 운명의 여신들이 위그드라실 뿌리에 물을 주고 있다. 두 번째 뿌리는 인간들이 사는 세상 '미드가르드'이다. 이 뿌리 끝에는 거인 미미르가 지키고 있는 지혜의 샘물이 있다. 그리고 마지막 하나는 지하 세계인 '니플헤임'이다. 니플헤임 아래에는 생명의 우물이 솟아나고 있다.

저주에 걸린 반지

북유럽 신화에 나오는 보물들은 화려하고 마법의 힘도 강해. 최고의 신 오딘이 갖고 있는 창은 뚫지 못하는 것이 없었고, 항상 목표에 명중하는 신비로운 힘이 있었어. 천둥의 신 토르가 휘두르는 망치는 큰 산을 쪼갤 만큼 강하고, 던지면 부메랑처럼 되돌아오는 능력까지 있지. 이중에서 딱 하나만이라도 있었으면 좋겠다고? 그렇다면 일단 난쟁이를 찾아가야 할 거야. 이것들은 모두 손재주가 좋은 난쟁이들이 만든 마법의 무기거든.

어느 날, 최고의 신 오딘과 말썽쟁이 신 로키와 다리가 길기로 유명한 신 호니르가 함께 여행을 떠났어. 셋은 길을 가다가 연못가에서 졸고 있는 수달을 발견했지. 신들은 이게 웬 떡이냐 하고 수달을 잡아 근처에 있는 집으로 들어갔어.

그런데 집주인 노인이 그들을 본 순간 얼굴이 새파랗게 질리는 거야. 셋은 영문을 몰라 당황했지. 하지만 노인은 금세 아무렇지도 않은 표정을 하고 밖으로 나갔어. 노인은 다른 두 아들을 밖으로 불러 조용히 일렀어.

"저 안에 네 동생을 죽인 놈들이 있다. 보통 놈들이 아닌 것 같으니 조심해서 잡아라."

두 아들은 아버지의 말대로 태연한 척 들어와서는 갑자기 달려들어 신들을 꽁꽁 묶어 버렸지.

"아니, 왜들 이러시오?"

"당신들이 죽인 수달이 바로 내 아들이란 말이오!"

노인은 부르르 떨며 신들을 차갑게 쏘아보았어.

신들은 모르고 한 일이니 봐달라고 사정을 했어. 그래서 오딘과 호니르가 잡혀 있는 조건으로, 로키 혼자 수달 껍질을 채울 만큼의 금을 모아 오기로 했어.

일단 손재주 좋은 난쟁이까지는 쉽게 찾았어. 물웅덩이에서 물고기로 변신한 난쟁이를 한눈에 알아보았거든.

"네가 그 손재주 좋다는 난쟁이구나. 어서 여기에 금부터 가득 채워라!"

로키가 윽박지르자 난쟁이는 겁을 먹고 낡은 자루에 금을 가득 채워 주었지. 그때, 로키의 눈에 난쟁이가 끼고 있는 반지가 쏙 들어왔어. 로키의 수상한 눈빛을 알아챈 난쟁이는 반지만은 안 된다고 애원했어. 하지만 로키는 반지를 강제로 빼앗아 자신의 손가락에 끼웠어. 정말 볼수록 잘 만든 귀한 반지였어. 난쟁이는 악에 받쳐 소리쳤어.

"누구든 반지를 가지는 자는 파멸할 것이다!"

반지에 홀린 로키는 들은 척도 않고 금이 가득 담긴 자루를 메고 떠났지.

로키는 노인의 집으로 서둘러 돌아와 금을 쏟아 냈어. 금을 본 노인은 로키가 가져온 금을 허겁지겁 수달 껍질에 쏟아부었어.

"허, 금이 조금 부족한데 어떡하나? 그 손에 낀 반지를 내놓는다면 한 번 눈감아 주지."

노인의 말에 로키는 할 수 없이 반지를 빼 주었어. 그러면서 난쟁이가 남긴 저주의 말도 함께 전해 주었지. 노인은 코웃음을 치며 약속대로 오딘과 호니르를 풀어 주었어.

그 뒤로 정말 반지의 저주가 시작되었어. 노인은 보물을 잃을까 봐 잠시도 마음이 편할 날이 없었어. 두 아들까지 속이고 보물들을 꽁꽁 감추었지. 두 아들도 가만히 있지 않았어. 아들들은 함께 힘을 합해 아버지를 죽이고는 보물을 차지했어. 그리고 형은 다시 동생을 내쫓고 혼자 보물을 몽땅 가졌어. 하지만 형도 행복하지 않았어. 동굴 깊은 곳에 들어가 용이 되어 보물만 지키며 살게 되었대. 누군가 훔쳐 갈까 봐 노심초사하면서 말이야. 하지만 반지의 저주는 여기서 끝나지 않고, 결국 반지가 바다 한가운데 던져질 때까지 많은 이들을 죽음으로 몰고 갔대.

신들의 마지막 전쟁

영원한 생명을 가진 다른 신들과는 달리 북유럽 신화의 신들은 인간처럼 죽음을 맞이해. 그래서 북유럽 신화를 이야기할 때 신들의 마지막 전쟁인 라그나뢰크 이야기를 빼놓을 수 없어.

어느 날, 신들이 사는 세계 아스가르드에 황금 마녀가 나타났어. 신들은 서로 황금을 가지려고 다투기 시작했지. 이 모습을 본 최고 신 오딘은 황금 마녀를 불태웠는데, 이상하게도 심장만 타지 않는 거야. 그리고 하필이면 이 심장을 말썽쟁이 신 로키가 삼켜 버렸지. 로키는 마녀의 심장 때문인지 신들이 멸망했으면 하는 나쁜 마음을 키워 갔어.

불행을 예감한 걸까? 오딘의 아내는 날마다 아들 발데르가 죽는 꿈을 꾸며 불안한 하루하루를 보냈어. 급기야 세상 곳곳을 다니면서 모두에게 발데르를 해치지 않겠다는 약속을 받아 냈어. 발데르는 사랑과 빛의 신인데 사라지면 큰일이잖아. 한데 어쩌다 딱 하나를 빠뜨리고 말았어. 바로, 겨우살이였어.

어느 날 로키가 겨우살이 가지로 화살을 만들어 발데르의 동생 호드르에게 주며 말했어.

"호드르, 너 이거 한번 던져 볼래?"

앞을 못 보는 호드르는 로키의 말만 듣고 화살을 힘껏 던졌어. 그런데 마침 지나가던 발데르가 그 화살에 맞아 죽고 만 거야. 아들 발데르를 잃은 오딘은 슬퍼할 겨를도 없이 신들에게 도움을 요청했어.

"누가 저승에 가서 발데르를 구해 오겠느냐?"

그러자 용맹한 신 헤르모드가 나섰지. 늘 과감하게 행동하던 헤르모드다웠어. 헤르모드는 저승을 다스리는 여왕 헬에게 발데르를 풀어 달라고 간청했어. 헬은 고민하다가 한 가지 제안을 했지.

"세상 모두 발데르가 살아나길 원한다면 기꺼이 놓아주겠다."

하지만 한 노파의 거절로 결국 발데르는 저승에서 돌아오지 못하게 되었어. 이 노파는 바로 말썽쟁이 신 로키가 변신한 거였지. 이 사실을 알게 된 신들은 괘씸한 로키를 잡아서 쇠사슬로 묶어 동굴에 가두었어. 그러고는 독뱀을 시켜 동굴로 독을 한 방울씩 떨어뜨리게 했어.

"늑대 펜리르, 뱀 요르문간드, 저승의 여왕 헬이여. 나를 이렇게 만든 신들에게 복수를 해다오!"

로키는 고통으로 몸부림치며 자신의 자식들에게 복수를 부탁했어.

사랑과 빛의 신 발데르가 저승에서 돌아오지 못하자, 인간 세계 미드가르드에서는 전쟁이 일어났어. 3년의 참혹한 전쟁을 거쳐 3년의 혹독한 겨울이 이어졌지. 그 긴 겨울의 마지막 날에는 기어이 해와 달이 늑대에게 먹히고 말았어. 별들마저 자취를 감추고 칠흑 같은 어둠이 찾아왔어.

결국 어둠의 힘이 강해지자 마법의 사슬에서 풀려난 늑대 펜리르가 신의 세계 아스가르드로 쳐들어왔어. 바다 밑에서 웅크리고 있던 뱀 요르문간드도 몸을 일으켰지. 사악한 거인들과 죽은 자들도 깨어났어. 이들은 신들을 죽이기 위해 전쟁터로 향했어.

오딘은 아스가르드 최고의 신이지만 마법의 창을 들고 늑대 펜리르와 싸우다가 결국 목숨을 잃고 말았지. 오딘의 아들인 비다르가 재빨리 늑대를 찔러 죽였지만 이미 때는 늦었던 거야. 천둥의 신 토르는 뱀 요르문간드를 해치우고도 뱀의 독 때문에
결국 목숨을 잃고 말았어.

이렇게 신들을 비롯한 많은 생명들이 전쟁에서 죽어 갔어. 거대한 물푸레나무 위그드라실이 불타고 난 뒤에는 지하 세계 니플헤임의 얼음이 녹으면서 대지가 바닷속으로 가라앉았지.

물론 전쟁 끝에 멸망만 있었던 건 아니야. 바닷속에서는 새로운 생명이 움트고 있었어. 세월이 흘러 다시 솟아난 대지에는 저승에서 돌아온 빛의 신 발데르와 인간들에 의해 새로운 세계가 시작되었단다.

신과 인간 세상의 벽

켈트 신화에는 신들에 의해 세상이 만들어졌다는 창세 신화가 없어. 다른 곳에서 들어온 이들의 침략 신화가 있을 뿐이야. 이미 다른 종족이 살고 있던 땅에 켈트 문명을 가진 사람들이 이주해 왔다는 것을 의미하는 거지.

원래 켈트인들은 유럽 지역에 널리 퍼져 살았어. 전성기에는 켈트인들이 서쪽의 아일랜드에서 동쪽의 소아시아까지 넓은 지역을 지배했지. 그러나 게르만족과 로마의 침략을 받으면서 점차 켈트인의 언어와 문화는 희미해졌어. 대신 아일랜드와 웨일즈 지방으로 피신한 켈트인들이 그 명맥을 이어 갔지. 켈트 신화를 이야기할 때 아일랜드에 대해 이야기하는 이유가 바로 여기에 있단다.

유럽 대륙의 서쪽 끝에 자리 잡은 아일랜드는 푸른 언덕을 가진 아름다운 섬이었어. 하지만 여러 차례에 걸쳐 침략을 받은 만큼 힘난한 세월을 보내야 했지.

신들의 종족 중 하나인 다난족이 아일랜드로 쳐들어왔을 때였어. 다난족은 네 개의 도시로부터 네 개의 신비한 보물을 가지고 왔어. 왕이 될 인물이 올라서면 소리를 치는 운명의 돌, 어느 누구와 겨루어도 이길 수 있는 무적의 창, 아무도 피할 수 없는 마법의 칼, 많은 군대를 먹여 살리는 큰 솥이었어.

다난족은 아일랜드에 살고 있던 인간들과 전쟁을 벌였어. 처음엔 팽팽하던 싸움이 차츰 신비한 보물을 가진 다난족 쪽으로 기울었지. 아일랜드는 곧 다난족의 손에 들어갔어.

하지만 다른 지역을 지배하던 인간들인 게일족이 아일랜드로 쳐들어오는 바람에 평화는 오래 가지 않았어. 게일족은 '미르의 자식들'이라는 뜻으로 밀레투스인이라고도 불렀지. 다난족은 게일족의 공격에 마법의 바람을 일으키며 방어했어. 그러자 게일족이 탄 배들이 방향을 잃고 이리저리 떠밀렸어. 게일족들이 바다에 빠져 죽으며 아우성쳤지.

"곧 미르의 자식들이 이 땅에 뿌리를 내릴 것이다."

게일족의 시인이 마법의 노래를 부르기 시작했어. 그러자 신기하게도 바람이 멎고 파도가 잔잔해졌지. 게일족들은 마침내 항구에 배를 대고 아일랜드 땅으로 들어갔어. 다난족과의 전투에서도 크게 이겨 아일랜드의 새로운 주인이 되었지. 이들이 현재 아일랜드인의 조상인 켈트인들이라고 해.

"비록 전쟁에서 졌지만 신이 인간의 지배를 받을 수는 없소."

갈 곳을 잃은 다난족은 유명한 마법사를 찾아갔어. 그리고 인간들의 눈에 띄지 않는 곳을 알려 달라고 부탁했지. 마법사는 아일랜드에서 가장 아름다운 언덕과 골짜기에 보이지 않는 벽을 만들어 주었어. 다난족이 누구의 눈에도 띄지 않고 안전하게 살아가도록 말이야.

이 벽 뒤의 세상을 '저세상'이라고 부르는데 신과 요정들이 사는 곳이래. 다난족은 저 세상에 살면서 원하면 언제든지 이 세상으로 나와 돌아다닌다고 해. 요정의 언덕인 '시이'를 통해 두 세계를 자유롭게 드나든다는 거지. 이렇게 켈트인들이 생각하는 '저세상'은 우리의 저승과는 다른 곳이야. 누구도 늙거나 병들지 않는 생명이 가득한 땅이란다.

미디르의 기막힌 사랑

신들의 왕인 대지의 신 다그다에게는 미디르라는 아들이 있었어. 어느 날 미디르는 태양의 여신 에다인을 보고 사랑에 빠져서 곧바로 에다인을 아내로 삼았어. 그런데 문제는, 미디르에게 이미 품나흐라는 아내가 있다는 것이었어. 너무나 화가 난 품나흐는 마법사를 불러 부탁했어.

"마법사, 저 여자를 당장 쫓아 주세요!"

마법사는 주술을 걸어 에다인을 멀리 쫓아냈어. 하지만 에다인을 가엽게 여긴 사랑의 신이 슬쩍 에다인을 데려다 보살펴 주었어. 이 사실을 안

품나흐는 더 크게
화를 냈고, 에다인을
조그마한 파리로 만들어 바람에 날려 버렸지.

  파리가 된 에다인은 정처 없이 떠돌다 어느 왕비의 술잔에 떨어졌어. 그걸 모르고 포도주를 마신 왕비는 어여쁜 딸을 낳았지. 바로 가여운 에다인이 환생한 아이였어. 공교롭게도 그 아이의 이름 역시 에다인이었어. 환생한 에다인은 아름다운 여인으로 성장해서 아일랜드의 왕과 결혼을 하게 되었어.

  그런데 이번 생에서는 왕의 동생인 엘일이 에다인에게 반해 병이 났지 뭐야. 엘일은 에다인에게 딱 한 번만 만나 주면 병이 나을 것이라며 매일같이 졸랐어.

"동이 틀 때 성문 밖으로 오세요."

에다인은 끈질긴 엘일의 부탁을 거절하지 못했어. 에다인은 약속 장소에서 엘일을 기다렸지. 하지만 엘일은 다음 날도, 또 그 다음 날도 나타나지 않았어. 대신 낯선 남자가 에다인 앞을 서성이기만 했지.

"당신은 누구신가요?"

사흘째가 되던 날, 에다인은 그 남자를 붙잡고 물었어.

"나를 기억하지 못 하는군요."

그 남자는 자신이 에다인의 남편인 미디르라고 했어. 엘일이 병이 난 것도, 늦잠을 자서 못 나온 것도 모두 자신이 한 일이라면서 말이야. 하지만 에다인은 전생의 남편인 미디르에 대한 기억이 전혀 없었지.

미디르는 무슨 배짱인지 당당하게 왕을 찾아갔어. 그러고는 체스를 두어 내기를 하자고 제안했지. 처음 두 번은 미디르가 져서 왕이 원하는 것을 해 주었어. 마지막 세 번째에는 미디르가 이겼지. 미디르는 거침없이 소원을 빌었어.

"아름다운 왕비님과 입맞춤을 하고 싶소."

왕은 당황해하며 며칠 후에 다시 오라고 둘러대고선 미디르를 성에서 쫓다시피 내보냈어. 왕은 미디르가 다시 찾아올까 봐 성의 모든 문을 꽁꽁 걸어 버렸지.

"약속한 것을 받으러 왔소."

며칠 후에 미디르는 마법을 써서 성벽을 넘어 왕 앞에 턱 나타났어. 그러고는 재빨리 에다인에게 입맞춤을 했지. 순간, 에다인은 잊었던 전생의 기억이 모두 떠올랐어. 자신이 미디르를 얼마나 사랑했는지, 얼마나 행복했는지 말이야.

미디르와 에다인은 백조로 변해 멀리멀리 날아갔어. 화가 난 왕은 전쟁을 일으켜서 미디르의 땅을 9년 동안이나 계속해서 공격했어. 미디르는 전쟁을 멈추기 위해 에다인과 똑같이 생긴 여인들 육십 명을 세워 놓고 왕에게 황당한 제안을 했어.

"이 여인들 중에서 진짜 에다인을 찾는다면 데려가도 좋소."

왕은 머뭇하지 않고 한 명을 찾아서 돌아갔어. 하지만 왕이 데려간 여인은 바로 왕의 딸이었대. 에다인이 떠날 때 이미 왕의 딸을 임신하고 있었던 거지. 그래서 왕은 딸을 얻고, 미디르는 사랑하는 에다인과 남아서 행복하게 살았대.

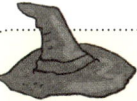

판타지와 켈트 신화

판타지 소설은 시간이나 공간적인 배경을 비현실적인 상상의 세계로 그려 낸 소설을 이야기한다. 우리에게 잘 알려진 〈해리포터〉 시리즈도 여기에 속하는데 켈트 신화의 영향을 받았다. 켈트 신화에 등장하는 마법사들이 〈해리포터〉 시리즈에서 매력적인 마법사들로 재탄생된 것이다. 이외에 《나니아 연대기》, 《반지의 제왕》, 《어스시의 마법사》 등도 켈트 신화의 영향을 받은 판타지 소설들이다. 요즘에 나오는 영화, 드라마, 애니메이션, 온라인 게임 들도 켈트 신화에서 많은 영감을 얻고 있다.

아일랜드 왕국을 구한 영웅

 켈트인들은 11월 1일에 새로운 1년이 시작된다고 생각했어. 그래서 10월 31일에 죽음의 신 삼하인을 기리는 축제를 열고, 새해를 기념하기 위해 불을 모두 껐다가 켜는 행사를 했어. 하지만 온갖 신들과 정령들이 돌아다니며 장난을 친다고 생각해서 아주 조심스럽게 의식을 치루었지.

 삼하인 날이 되면 아일랜드의 왕궁이 있는 타라의 거리는 그 어느 날보다도 한산했어. 저세상으로 간 다난족이 나타나는 날에는 되도록 눈에 띄지 않는 게 최선이었어. 사람들은 가능한 바깥으로 나오지 않고 벽난로의 불도 일부러 꺼 놓았지. 어느 날 이 소식을 들은 핀 마쿨이라는 사람이 왕을 찾아왔어.

 "내일까지 타라를 돌려놓을 테니 저에게 피아나 기사단의 지휘권을 주십시오."

 핀 마쿨은 자신 있게 왕에게 말했어. 핀은 거인족 발로르 왕의 자손으로 전사의 자질과 지혜와 예언의 능력까지 고루 갖춘 사람이었지. 발로르 왕은 다난족과 싸웠던 무시무시한 거인족의 왕으로 유명했어.

 "원하는 건 모두 해 줄 테니, 제발 다난족 알렌 좀 쫓아 주시오."

 왕은 흔쾌히 허락했어. 다난족인 알렌은 마법의 피리와 하프로 사람들을 잠재우고는 불길을 내뿜어 집들을 태워 버리곤 했으니 왕도 겁이 날 수밖에 없었지.

 핀은 타라로 들어오는 두 언덕 사이에 숨어 알렌이 나타나길 기다렸어.

드디어 어둑어둑 날이 저물기 시작했지. 저 멀리서 음악 소리가 점점 가까워졌어.

띠링 띠링. 뻴리리 뻴리리리.

마침내 하프와 피리를 연주하는 알렌의 모습이 보이기 시작했어. 타라의 사람들은 너나 할 것 없이 스르르 잠에 빠져들었지.

"절대 잠들면 안 돼."

핀은 마법의 창으로 자신의 이마를 누르며 버텼어. 알렌이 입으로 불길을 내뿜으려고 하던 찰나, 핀은 재빨리 달려들어 망토로 불을 감쌌어. 그러고는 망토를 힘껏 던져 땅속으로 보내 버렸어.

"어이쿠, 이게 뭐야? 내 마법이 통하지 않다니, 무슨 일이지?"

알렌은 순간 당황해서 도망치기 시작했어. 하지만 요정의 언덕에서 핀에게 붙잡혀 죽임을 당하고 말았지. 왕은 기쁜 마음으로 약속대로 용감한 핀에게 피아나 기사단을 맡겼대. 핀은 그 뒤로도 피아나 기사단과 함께 여러 활약을 펼쳐서 아일랜드 왕국의 영웅이 되었다고 해.

핼러윈 축제의 유래

이야기 속에 나오는 삼하인 축제는 고대 켈트인들이 죽음의 신 삼하인을 기리기 위해 한 축제다. 그래서 이날 밤에는 죽은 이들의 영혼이 집으로 돌아온다고 믿었다. 하지만 불길한 날이 아니고 악마의 도움으로 결혼이나 행운, 죽음 따위를 점치기에 아주 좋은 날이라고 생각했다. 이 축제는 바로 우리가 잘 알고 있는 핼러윈 축제의 시작이다. 핼러윈 축제는 삼하인 축제의 날짜부터 축제의 의미까지 그대로 이어져 오고 있다.

아메리카 대륙은 남북으로 길게 뻗어 있어.
북아메리카에는 미국과 캐나다가 있고, 중앙아메리카와
남아메리카에는 멕시코와 과테말라, 페루 등이 있지.
아메리카의 신화는 유럽인들이 발견하기 전에 살던
원주민의 신화에 뿌리를 두고 있어.
아메리카의 원주민은 수백 개의 부족으로 나뉘어져 있는데,
각 부족마다 다른 신화를 가지고 있지. 하지만 공통적으로
자연과 인간이 조화를 이루고 교감하는 것을 중요하게 생각했단다.

그럼, 함께 신비로운
아메리카 신화 속으로 들어가 볼까?

3장
아메리카의 신화

북아메리카 신화

거북의 등에서 생긴 땅

북아메리카 원주민은 수백 개의 부족이 각각의 문화를 가지고 살고 있었어. 그래서 신화도 조금씩 다를 수밖에 없었지. 그럼 그중에서 캐나다와 미국 동부에 살았던 휴런족의 창세 신화를 한번 살펴볼까?

휴런족의 세상이 나타나기 전 이야기야. 세상은 천상족이 사는 하늘과 어둠에 쌓인 바다만 있었대. 천상족 추장에게는 딸이 한 명 있었는데, 이름은 아타엔시크였어. 아타엔시크는 알 수 없는 병에 걸려 생사를 오가고 있었지. 추장은 딸의 병을 낫게 하려고 모든 방법을 동원해서 치료법을 찾고 있었어. 그러던 중 한 천상족이 꿈에서 치료법을 보았다면서 추장을 찾아와 이야기했어.

"제가 간밤에 꿈을 꾸었는데 풀이해 보니, 아가씨가 뿌리 뽑힌 옥수수 옆에 앉는다면 병이 나을 것이라고 나왔습니다."

딸을 깊이 사랑하는 추장은 한 치의 망설임도 없이 옥수수를 쑥쑥 뽑았어. 하지만 이 모습을 본 다른 천상족들이 가만히 있을 리 없었어. 옥수수는 천상족의 유일한 식량이었으니 말이야. 화가 난 천상족들은 아타엔시크를 옥수수가 뽑힌 구멍 속으로 던져 버렸어.

"아악!"

아타엔시크는 무서운 속도로 구멍 속으로 떨어졌어. 순간 어디선가 물새가 날아와 아타엔시크를 구해 거북의 등에 올려 주었어. 그리고 다른 동물들도 몰려와 바다 밑에 있던 흙을 거북이 등에 발라 주었어. 그러자 순식간에 땅이 생겨났지.

땅 위에서 병이 나은 아타엔시크는 홀로 아기를 가져 대지의 여신을 낳았어. 대지의 여신은 바람에 의해 쌍둥이를 가질 수 있었지. 하지만 쌍둥이 중에서 사나운 아이가 엄마의 옆구리를 찢고 나오는 바람에 대지의 여신이 죽고 말았어.

"가여운 딸아, 내가 아이들은 잘 길러 주마."

아타엔시크는 딸이 가여워 쌍둥이를 데려다 고이 길렀어.

어느 날, 쌍둥이 중에 순한 아이가 대지 여신의 무덤을 파서, 대지의 여신 얼굴로 빛나는 구슬을 만들어 하늘에 던졌어. 그 구슬은 해가 되었지. 뒷머리로 만든 여러 개의 구슬은 달과 별이 되었고. 이렇게 해서 낮과 밤이 생겨났단다.

"아이고, 내 딸아!"

아타엔시크는 파헤쳐진 무덤을 보고 너무 놀라 통곡을 했어. 대지의 여신 몸에 어머니의 눈물이 떨어지자, 몸에서 옥수수와 콩, 호박 등의 식물이 자라났지.

쌍둥이 중 순한 아이는 재빨리 나무와 물을 만들었어. 다른 한편에서는 사나운 아이도 질세라 높이 솟은 험한 산맥을 만들었지. 순한 아이가 쭉 뻗은 강을 만들면 사나운 아이는 얼른 와서 강을 구부려 놓았어. 이렇게 쌍둥이가 대결하듯 자연을 만들다 보니 어느덧 세상이 만들어졌대.

씨름에서 이겨 얻은 옥수수

북아메리카 원주민은 자연과 더불어 살아가는 사람들이었어. 자연의 모든 것에 정령이 깃들어 있다고 믿었기 때문에 정복하기보다는 함께 살아가야 하는 존재라고 생각했지. 신화에도 이런 생각이 잘 담겨 있어.

옛날에, 가난한 가족이 살고 있었어. 큰 아들 운츠가 통과의례를 치를 나이가 되어서 가족들은 의식을 준비하고 있었어. 통과의례는 평생 자신을 이끌고 지켜 줄 정령을 만나기 위해 하는 의식이었지. 의식을 치르는 사람은 일주일 동안 아무것도 먹지 않으면서 금식해야 했어.

운츠는 집에서 약간 떨어진 곳에 조그마한 움막을 지었어. 그러고는 가족들과 작별을 고했지.

"이제부터는 움막에서 혼자 지내겠어요."

운츠는 일단 숲 속을 거닐거나 식물들을 관찰하며 시간을 보냈어. 하지만 아무것도 먹지 않고 돌아다니는 건 정말 힘들었지. 힘이 떨어진 운츠는 오두막에 머물면서 깊은 생각에 잠겼어. 위대한 정령은 만물을 창조했고 사람들은 정령한테 빚을 지고 있다고 생각하며 명상했지. 하지만 한 가지 의문이 남아 있었어.

"왜 정령은 우리한테 음식을 구하는 방법은 가르쳐 주지 않는 거지?"

다행히도 운츠는 그 답을 꿈에서 찾을 수 있었어. 그날 밤, 꿈에서 한 청년이 하늘에서 내려와 운츠에게 말을 걸었지.

"친구여, 위대한 정령은 그대가 금식을 하는 이유를 알고 있소. 다른 이들을 위해 살려는 그대의 따뜻한 마음을 잘 알고 있다오."

청년은 대뜸 운츠에게 씨름을 하자고 제안하면서 자신을 이겨야 운츠의 소망을 이룰 수 있다고 했어. 운츠는 아무것도 먹지 않아서 힘이 없었지만 용기를 냈지. 씨름에서 꼭 이겨야겠다고 생각하며 버텨 냈어.

"오늘은 이만하고, 내일 다시 찾아오겠소."

청년은 하늘로 돌아갔어. 그리고 다음 날 또 운츠를 찾아왔지. 운츠는 전날보다 더 힘이 없었지만 죽을힘을 다해 버텼어. 하지만 그날도 청년은 결판을 내지 않고 돌아갔어. 그리고 세 번째 날이 되었지.

"자, 오늘 그대가 이긴다면 정말 소망을 이룰 수 있을 것이오."

청년이 말했어. 하지만 운츠는 서 있기도 힘들 만큼 힘이 빠져 있었어.

운츠는 모든 생각을 내려놓고 씨름에만 몰두했어. 그러자 오히려 마음속에 자리한 용기는 더 커져 갔어. 이번이 마지막이니 꼭 소망을 이루겠다는 의지만 불태웠지. 바로 그때, 청년의 몸에서 힘이 스르르 빠지는 게 느껴졌어.

"자, 이제 자네의 소망을 이룰 차례네. 내일이면 자네 아버지가 음식을 가져다줄 거요. 그리고 내일은 분명 나를 이길 것이오. 그러거든 옷을 벗겨서 나를 부드러운 흙에 묻어 주시오. 그리고 잘 보살핀다면, 부족 모두를 이롭게 할 거요."

청년은 알쏭달쏭한 말을 남기고 하늘로 날아가 버렸어.

다음 날은 금식을 시작한 지 일주일이 되는 날이었어. 청년의 말대로 운츠의 아버지는 음식을 가져왔지. 하지만 운츠는 바로 음식을 먹지 않고 청년을 기다렸어. 운츠의 마음속에는 자신의 용기와 의지로 가득 찬 새로운 힘이 생겼고 결국 청년을 이겼지.

운츠는 청년이 부탁한 대로 몸에서 옷과 깃털을 떼어 냈어. 그러고는 죽은 청년을 땅에 묻어 주었지.

얼마 후, 청년을 묻은 곳에서 녹색 잎이 땅을 뚫고 삐쭉 솟아났어. 그리고 금세 키가 쑥쑥 자라더니 황금빛 열매가 주렁주렁 열렸어. 운츠는 식구들과 부족을 데리고 가서 이야기했어.

"제 친구의 몸에서 나온 이 옥수수가 우리를 먹여 살릴 거예요."

이렇게 옥수수는 원주민들의 귀한 곡식이 되었어. 그래서 옥수수에도 신비한 생명이 담겨 있으니 감사하며 함께 공존해야 한다고 믿었지.

코요테의 법칙

북아메리카 원주민들은 동물을 형제로 여길 정도로 가깝게 생각했대. 동물의 능력을 귀하게 여기면서 동물들이 가진 장단점을 평생에 걸쳐 배우기도 하고 말이야. 이런 원주민들의 생각이 담긴 이야기를 한 편 들려줄게.

어느 날, 코요테와 거미 인간이 함께 길을 걷고 있었어. 코요테는 가는 길에 우연히 만난 바위에게 자신의 담요를 걸쳐 주었어.

"야, 내 담요를 걸치니까 더 멋있어 보인다."

코요테는 으쓱해했어. 그러고 나서 계속 길을 가는데, 도중에 비가 내리기 시작했지. 비는 점차 거세지더니 홍수까지 나고 말았어.

둘은 얼른 동굴로 들어가 비를 피했지만, 추위까지 피할 수는 없었어. 거미 인간은 가죽 담요를 덮고 있어서 괜찮았지만 코요테는 바위한테 담요를 주어서 추위에 떨 수밖에 없었어. 참다 못해 코요테는 거미 인간에게 부탁을 했어.

"있잖아, 가서 바위한테 내 담요 좀 돌려 달라고 말해 주면 안 될까?"

덜덜 떠는 코요테가 보기 안쓰러웠던 거미 인간은 바위를 찾아가서 담요를 달라고 부탁을 했어. 하지만 바위는 콧방귀를 뀌었지.

"한번 줬으면 그만이지! 이젠 내 거야!"

바위는 돌려줄 생각이 없어 보였어. 거미 인간이 빈손으로 돌아오자, 코요테는 잔뜩 화가 나서 씩씩대며 바위에게 달려갔어.

"원래 내 거니까 내놔! 이제 우리 다시 만날 일은 없잖아?"

담요를 다시 빼앗아 온 코요테는 콧노래까지 부르면서 돌아왔지.

얼마 뒤에 비가 그치고 해가 반짝 떴어. 코요테와 거미 인간이 바깥으로 나와서 햇볕에 몸을 말리고 있을 때였어.

우르릉 쾅쾅! 갑자기 어디에선가 요란한 소리가 들려왔어. 소리가 점점 가까워져 고개를 돌렸더니 눈앞에 바위가 굴러오는 게 보였어. 바로 담요를 뺏긴 바위였지. 둘은 깜짝 놀라 도망쳤어.

"어서 강으로 도망쳐! 바위는 무거우니까 강에 빠지면 가라앉을 거야!"

거미 인간이 소리쳤어. 하지만 바위는 의외로 헤엄을 잘 쳤어.

"어서 나무 사이로 가! 나무 사이에 끼면 쫓아오지 못할 거야!"

하지만 바위는 나무도 다 쓰러뜨리며 쫓아왔지. 순간 거미 인간은 바위가 쫓는 건 코요테 뿐이라는 걸 알아챘어.

그래서 혼자 거미로 변해서 쥐구멍 속으로 도망쳤지. 코요테는 거미 인간을 원망할 겨를도 없었어. 열심히 도망쳤지만 결국 바위에 깔리고 말았어.

"흥, 다시는 만날 일이 없다고?"

바위는 코요테한테 담요를 다시 빼앗아 코웃음 치며 돌아갔어. 평범한 바위가 아니고 마법의 힘을 가진 바위였으니까 코요테는 이길 수가 없었던 거야.

잠시 후 그 옆을 지나가던 목동이 납작하게 깔린 코요테를 발견했어.

"어라, 이런 곳에 모피가 떨어져 있네."

목동은 신이 나서 납작한 코요테를 가져다 자기 집에 걸어 두었지. 하지만 다음 날 아침, 목동의 아내가 실망스러운 얼굴로 외쳤어.

"모피가, 모피가 도망갔어요!"

밤사이에 원래의 모습으로 돌아간 코요테가 냉큼 도망을 쳤기 때문이야. 그 뒤로 코요테는 무엇이든 함부로 주었다 빼앗지 않았대. 이렇게 코요테처럼 스스로 답을 깨우치는 가르침을 북아메리카 원주민들은 '코요테의 법칙'이라고 부른단다.

중앙아메리카와 남아메리카 신화

옥수수의 후예

인간의 탄생을 재미있게 설명한 신화 하면 뭐가 떠오르니? 그리스 신화에서는 프로메테우스가 신들을 닮은 모습으로 인간을 빚었고, 중국에서는 창조의 여신 여와가 진흙으로 인간을 만들었지. 고대 마야인들은 어떻게 인간의 탄생을 그렸는지 볼까?

고대 마야인들은 지금의 멕시코와 과테말라 지역에 살았어. 사람들이 살기 전에는 그곳에 하늘과 바다, 몇몇의 신들만 살고 있었대. 신들은 먼저 땅과 산, 나무와 동물을 만들었어.

"우리의 이름을 부르면서 정성껏 섬기도록 해라."

신들은 자신들이 만든 동물들에게 명령했지만 동물들은 제각각의 목소리로 떠들어 대기만 했어. 꽥꽥, 짹짹, 으르렁, 컹컹! 도통 무슨 소리인지 알 수 없었던 신들은 다시 진흙을 빚어서 인간을 만들었어. 하지만 진흙 인간은 너무 묽고 부드러워서 금세 부서졌지.

"좀 더 단단하게 만들어야겠소."

3장 아메리카의 신화 105

이번에는 나무로 인간을 만들었어. 나무 인간은 신처럼 말도 할 줄 알았고 자식도 낳아 점점 수를 늘렸지. 하지만 나무 인간들은 영혼이 없어서 신들에게 기도를 올리진 못했어. 화가 난 신들은 홍수를 일으켜서 나무 인간들을 모조리 없애 버렸지.

"좀 더 똑똑하게 만듭시다."

신들은 옥수수로 인간을 만들기 시작했지. 노란 옥수수와 흰 옥수수로 반죽을 해서 네 명의 남자를 만들어 냈어. 옥수수 인간들은 말도 하고, 잘 움직이고, 신에게 감사하는 기도도 잊지 않았어.

하지만 또 문제가 생겼지. 옥수수 인간들은 신들처럼 모든 것을 볼 수 있는 눈을 가지고 있었어. 그러면 신과 다를 게 없으니 옥수수 인간이 진심으로 신을 섬길 리가 없잖아.

"인간은 불완전해야 하는 것 같소."

신들은 뿌연 안개를 뿌려서 인간의 눈을 흐릿하게 만들었어. 그 이후로 인간들은 자기 앞에 있는 가까운 것만 볼 수 있게 되었지. 대신 네 명의 여자를 만들어 짝을 지어 주었어.

마야인들은 이 신화처럼 자신들의 조상이 옥수수로 만들어졌다고 생각해서 스스로 '옥수수의 후예'라고 말했단다. 옥수수가 중요한 식량이었기 때문에 이런 이야기가 탄생한 거지.

한 가지 더 재미있는 건, 마야 지배층 사람들은 아이들의 이마를 납작하게 만드는 풍습이 있었대. 바로 머리를 옥수수처럼 보이게 만들기 위해서였지. 정말 옥수수의 후예답지?

쌍둥이 형제의 살벌한 공놀이

고대 중앙아메리카에는 '틀라츠틀리'라는 공놀이가 있었어. 손을 사용하지 않고 엉덩이나 발로 공을 차는 경기야. 어떻게 보면 축구와 비슷해 보이지만 골대가 농구 골대처럼 높이 있는 게 달랐어.

고대에는 이 경기에서 진 사람을 신에게 제물로 바쳤기 때문에 단순히 재미로만 하는 게임은 아니었어. 한편으로는 경기에서 이긴 사람의 심장을 바쳤을 거라고 이야기하는 사람도 있어. 신들의 세계로 들어가는 영광을 누린다고 생각해서 이긴 사람이 스스로 제물이 되었을 수도 있다는 거지.

옛날에 쌍둥이 형제가 살았어. 둘은 공놀이를 매우 좋아해서 날마다 함께 공을 차며 놀았지. 근데 허구한 날 쌍둥이가 공을 차는 소리에 지하 세계 신들은 무척이나 짜증을 냈어. 매일 나는 쿵쿵 소리를 참을 수가 없었던 거야.

"아이고, 시끄러워 죽겠다! 올빼미들아, 저 쌍둥이한테 공놀이를 하자고 꾀서 데려오너라!"

지하 세계 신들은 소란스러운 쌍둥이 형제를 없애기로 작정하고 올빼미들을 보냈어. 올빼미가 쌍둥이 형제를 데리고 오자, 신들은 캄캄한 방에 형제를 가두었어. 그리고 담뱃불과 횃불을 하나씩 던져 주고는 나가 버렸지.

"너희들, 밤새 불을 꺼뜨리면 살아남지 못할 줄 알아라."

쌍둥이 형제는 고민에 휩싸였어. 담뱃불과 횃불은 순식간에 타들어 가고 있는데, 방 안에는 불을 살릴 만한 도구가 전혀 없었거든. 그저 불이 꺼져 가는 걸 지켜볼 수밖에 없었지.

아침이 되자 신들은 약속대로 쌍둥이 형제를 죽였어. 경고의 의미로 쌍둥이 형의 머리는 열매가 맺지 못하는 나무에 매달아 두었지.

그런데 얼마 후에 그 나무에서 조롱박이 주렁주렁 열리기 시작했어. 모두들 신기해하며 나무 앞에 모여들었어. 그중에 지하 세계 신의 딸인 스퀵도 조롱박을 구경하고 있었어. 쌍둥이 형은 그때를 놓치지 않고 재빨리 스퀵에게 침을 뱉어서 아기를 갖게 만들었어.

그 사실을 알게 된 지하의 신들은 노여워하면서 스퀵을 내쫓았어. 서러운 눈물을 흘리던 스퀵은 쌍둥이의 어머니를 찾아갔지. 그리고 스퀵도 쌍둥이를 낳았어. 쌍둥이의 이름은 우나푸와 스발란케였어.

그런데 피는 못 속인다고, 이 형제도 아버지와 삼촌처럼 공놀이를 무지좋아했어. 애네들도 지칠 줄 모르고 공놀이를 했지. 지하의 신들은 층간 소음의 악몽을 다시 떠올렸어.

"아니, 왜 또 이렇게 시끄러운 거야?"

지하의 신들은 화가 나서 또 올빼미들을 보냈어. 그리고 우나푸와 스발란케를 잡아 와서 똑같은 과제를 냈지. 하지만 우나푸와 스발란케는 꾀를 냈어. 앵무새의 깃털로 담뱃불과 횃불처럼 눈속임을 해서 위기에서 벗어난 거야.

속임수라는 걸 알아챈 신들은 더욱 화가 나서 형제를 사나운 박쥐들

이 가득한 곳으로 보냈지. 형제는 얼른 동굴로 숨었어. 그런데 호기심 많은 우나푸가 궁금증을 참지 못하고 동굴 밖으로 머리를 쑥 내밀고 말았어. 그때를 놓치지 않고 박쥐가 우나푸의 머리를 낚아채서 경기장으로 날아갔지. 스발란케는 얼른 형의 몸 위에 호박을 올려놓고 우나푸의 얼굴로 바꾸었어. 그리고 태연하게 함께 경기장으로 갔어.

　박쥐가 가져온 진짜 우나푸의 머리는 공 역할을 하게 되었어. 경기가 시작되자 우선 스발란케는 공을 세게 차서 숲 속으로 날려 버렸어. 마침 작전상 대기하고 있던 토끼가 공처럼 구르기 시작했지. 모두들 토끼를 공으로 착각하고 쫓아가자 스발란케는 우나푸의 머리를 찾아서 호박 머리와 얼른 맞바꾸어 주었어.

쌍둥이 형제는 공놀이를 잘하는 특기를 발휘해서 경기에서 승리를 했어. 하지만 약이 바짝 오른 신들은 어떻게든 쌍둥이를 죽이려고 작정을 한 상태였어. 이번에는 형제에게 아주 커다란 불구덩이를 뛰어넘으라고 명령을 한 거야.

"우리…… 이렇게 죽고 마는 걸까."

형제는 그제야 다시 살아 돌아가기 힘들다는 걸 깨달았어. 쌍둥이 형제는 그렇게 불에 타 죽고 말았지. 신들은 쌍둥이 형제의 뼈를 갈아 강에 뿌렸어. 쌍둥이의 뼛가루는 강바닥에 가라앉아 물고기 인간으로 다시 태어났어.

우나푸와 스발란케는 물고기 인간이 되어서도 떠돌이 어릿광대로 변장을 하고 다시 지하의 신들을 찾아갔어. 둘이서 서로 죽였다 살렸다 하는 재주를 부리자 신들은 환호했어. 물론 쌍둥이 형제인지는 꿈에도 몰랐지.

"허허, 우리도 한번 죽였다 살려 보게."

신들의 말이 떨어지기가 무섭게 쌍둥이 형제는 신들을 죽였어. 그리고 다시 살려 내지 않았지. 아버지와 삼촌의 복수를 한 쌍둥이 형제는 하늘로 올라가 해와 달이 되었대.

이 신화를 통해서 공으로 경기를 하는 틀라츠틀리가 생겼고, 이후에 중앙아메리카 곳곳에서 틀라츠틀리 경기장이 발견되었어. 그중에서 멕시코 치첸이트사에 있는 경기장이 가장 크다고 해.

3장 아메리카의 신화 111

신이 환생한 다섯 번째 태양

고대 멕시코 사람들은 세상이 창조와 파괴를 반복한다고 생각했어. 멕시코 중앙 고원에 정착해서 고대 도시를 건설한 아즈텍인들은 이미 네 번이나 세상이 멸망했다 창조되었다고 믿고 있었지. 그러니까 자신들이 다섯 번째 세상에서 살고 있다고 생각한 거야.

아주 옛날엔 태양이 생겨났다 파괴되길 반복했대. 대지의 태양은 재규어의 공격을 받고 사라지고, 바람의 태양은 폭풍에 의해 파괴되고, 불의 태양은 비처럼 내리는 불꽃 때문에, 물의 태양은 대홍수로 파괴되었지.

태양이 없는 세상은 혼란 속으로 빠져들었어. 혼란 속에 나타난 거대한 괴물은 다섯 번째 태양이 뜨지 않는 틈을 놓치지 않고 무엇이든 닥치는 대로 먹어 치우기 시작했지.

이런 기가 막힌 광경을 지켜보던 두 신이 있었어. 깃털 달린 뱀의 모습을 한 케찰코아틀 신과 연기 나는 거울인 테스카틀리포카 신이었어.

"저 괴물 녀석이 세상을 죄다 먹어 치워 버릴까 걱정이야!"

두 신은 세상이 사라질 걸 염려해서 뱀으로 변신하여 괴물을 산산조각 냈어. 괴물이 죽어 가면서 떨어져 나간 머리와 어깨는 땅이, 허리 아랫부분은 위로 날아가 하늘이 되었지. 눈은 동굴과 샘으로 변했고, 입은 강과 큰 동굴로, 피부와 털은 꽃과 나무가 되었어.

"땅에서 먹을 것을 구하려면 제물을 바쳐야 해."

사람들은 땅이 된 괴물에게 제물을 바치고 식물과 과일을 얻을 수 있었어. 하지만 여전히 다섯 번째 태양이 뜨지 않아서 세상은 온통 암흑천지였지. 신들은 모여서 누가 태양이 될 것인지 의논했어. 그중에서 부자 신과 가난한 신이 태양이 되겠다고 나섰어.

태양이 되기 위해서는 일단 아무것도 먹지 않고 속죄의 과정을 거쳐야 했어. 부자 신은 갖가지 금은보화를 가져오고, 가난한 신은 자신의 피를 묻힌 가시와 마른풀, 상처의 딱지를 공물로 가져왔어.

둘은 피라미드를 만들고 기도를 시작했지. 기도가 끝나자 신들은 부자 신에게는 화려한 옷을 주고, 가난한 신에게는 종이로 만든 옷을 주었어. 그러고는 마지막 명령을 내렸지.

"이제 자신의 몸을 태워 제물로 바치시오."

신들은 두 신에게 불 속에 뛰어들라고 명령을 내린 거지. 하지만 부자 신은 머뭇거렸어. 가난한 신은 단번에 불 속으로 뛰어들었지. 이를 본 부

자 신도 용기를 내어 뛰어들었어.

　신들은 두 신이 태양으로 환생하길 기도했어. 잠시 후 가난한 신이 환생한 붉은 태양이 찬란하게 떠올랐어. 부자 신은 달로 환생하여 어둠을 환하게 비추었지.

　"너무 밝아서 눈을 뜰 수가 없구나."

　한 신이 달빛까지 너무 밝다고 생각해서 얼른 토끼 한 마리를 잡아 달을 향해 던졌어. 그랬더니 달에 토끼 모양이 새겨지면서 달빛이 살짝 어두워졌어.

　신들은 다시 모여 의논을 시작했어. 이제 태양을 움직여야 하는데, 태양을 움직이려면 누군가의 희생이 필요했던 거야. 신들은 서로 눈치를 보다가 어쩔 수 없이 자신들의 심장을 바치기로 했어. 신들의 심장을 바치자, 태양이 서서히 움직이기 시작했어. 달과 별들도 태양과 거리를 두고 함께 움직이기 시작했지.

꽃의 전쟁

아즈텍인들은 다섯 번째 태양이 사라지면 종말이 온다고 생각해서 신에게 사람을 제물로 바쳤다. 태양신에게 사람의 피와 심장을 바쳐서 종말을 막고 싶었던 것이다. 그들은 제물을 바치기 위해서 곳곳에 신전을 세우고 제사를 지냈다. 그리고 제물로 바칠 포로를 잡기 위해서 군사를 훈련하고 전쟁을 일으켰다. 1년에 2만 명 정도의 포로가 희생되었는데 이 전쟁을 '꽃의 전쟁'이라고 부른다.

황금 지팡이에서 시작된 잉카

고대에 아메리카 대륙에서 가장 큰 제국을 건설한 민족은 잉카인들이었어. 안데스 산맥의 높은 분지에는 잉카 제국 수도였던 도시 쿠스코가 있지. '세계의 배꼽'이라고 불리는 쿠스코에도 신화가 얽혀 있어.

옛날에 산으로 둘러싸인 바다처럼 큰 호수가 있었어. 세상이 만들어지면서 가장 먼저 생겨난 티티카카 호수였어. 창조의 신 비라코차는 호수 위에 작은 물결을 만들었어. 그러자 물결이 점점 커지다가 거품이 일면서 남자와 여자가 손을 잡고 나왔지. 이 둘은 태양신의 자녀들이었어.

비라코차는 우선 남자에게 황금 지팡이를 주며 명령했어.

"거대한 나라를 세울 곳을 찾아라!"

지팡이를 준 이유는, 지팡이가 손잡이까지 푹 들어갈 만큼 비옥한 땅을 찾으라는 뜻이었어. 여자에게는 천을 짤 때 쓸 실패를 주었지.

둘은 여행을 떠났어. 남자는 하루 종일 땅을 쿡쿡 찔러 보고 다녔어. 여자는 쉬지 않고 천을 짜면서 뒤를 따라갔지. 그러다 날이 저물면 나무 아래나 동굴에서 잠을 자곤 했어.

그러던 어느 날, 남자와 여자는 안개가 자욱하게 둘러싸인 높은 산에 올라갔어. 때마침 구름 사이로 태양이 비추고 무지개가 넓게 펼쳐져 있었지.

"이곳이 그 땅인 것 같소."

남자는 멍하니 무지개를 바라보다가 지팡이로 바닥을 푹 찔렀어. 역시

● 페루 쿠스코에 있는 잉카 유적지

지팡이가 손잡이까지 쑥 들어갔지. 그때 어디선가 나타난 사람들이 남자 주변에 몰려들기 시작했어.

"태양의 자손이 오셨다!"

"저희들의 왕이 되어 주세요!"

사람들은 넙죽 절을 하면서 간청했어. 남자는 잠깐 어리둥절했지만 곧 사람들의 청을 받아들였어. 바로 이 남자가 잉카 제국의 초대 황제 만코 카팍이었지. 그리고 이곳은 잉카 제국의 수도인 쿠스코야. 잉카인들은 쿠스코가 퓨마를 닮았다고 생각했대. 이건 잉카인들이 하늘은 독수리가, 땅은 퓨마가, 땅속은 뱀이 지배한다고 믿었기 때문이야.

라마를 돌본 착한 목동 형제

이번에 들려줄 이야기는 홍수 신화야. 세계 각 나라마다 다양한 홍수 신화가 있는데, 대부분 신들이 큰 홍수를 일으켜 부패한 세상을 벌하고 새로운 세계를 열어 준다는 내용의 이야기들이지. 남아메리카의 홍수 신화는 자연과 인간이 함께 어려움을 극복해 나가는 걸 그리고 있단다. 한번 들어 볼래?

오랜 옛날, 안데스 산 중턱에 마음씨 착한 목동 형제가 살고 있었어. 형제는 산에서 라마를 돌보며 욕심 없이 살고 있었지. 산 아래서는 사람들이 남의 것을 빼앗고 전쟁을 일삼았어. 게다가 신들을 우습게 생각하며 기도도 올리지 않았지.

그러던 어느 날, 목동 형제가 돌보던 라마들이 먹지도 자지도 않고 하늘의 별만 바라보는 일이 생겼어.

"형, 라마들이 아무것도 먹지 않고 잠도 자지 않아. 왜 그러지?"

동생의 말에 형도 고개를 갸우뚱했어.

형제는 라마들이 병이라도 날까 봐 하늘을 향해 정성스럽게 기도를 했어.

"신이시여! 라마의 말을 들을 수 있게 해 주세요!"

평소에도 착한 목동 형제를 어여삐 여긴 신들은 형제의 소원을 들어주기로 했어. 목동 형제들은 라마랑 이야기를 나눌 수 있게 되었지.

"라마들아, 너희들은 왜 먹지도 자지도 않는 거니?"

"별들이 곧 홍수가 난다고 말했어. 이 세상 모든 것이 사라진다는데 어떻게 잘 수 있겠니?"

라마들의 걱정스러운 말에 목동 형제는 고개를 끄덕였어. 그래서 얼른 라마들을 데리고 산꼭대기로 올라갔지. 마침 산꼭대기에는 아늑한 동굴이 있었어. 라마와 형제들은 동굴 안으로 차례차례 들어갔지.

때마침 비가 내리기 시작했어. 비는 점점 거세지더니 빗줄기가 아주 굵어졌어. 빗물은 산 아래 모든 것을 휩쓸고 지나갔어. 저 멀리서 사람들과 동물들의 비명이 들려왔지. 물은 점점 차올라 동굴 입구 바로 아래까지 넘실거렸어.

"신이시여! 저희를 구해 주세요!"

형제는 마음을 다해 간절하게 기도했어. 그러자 물이 차오를수록 산이 점점 높아지는 거야. 동굴 안으로는 절대 물이 들어올 수 없었지.

마침내 비가 그쳤어. 태양이 반짝 떠오르며 온 세상을 환하게 비추었어. 물이 서서히 빠지고 산도 원래대로 돌아갔어. 형제는 기뻐하면서 라마들을 데리고 나와서 산 중턱으로 돌아갔어.

이때부터 라마는 산 중턱에서만 살게 되었대.

아프리카 대륙은 지구에서 가장 더운 적도 지방에 위치해 있어.
그래서 날씨가 더운 나라가 대부분이지.
이런 아프리카의 기후는 신화에 많은 영향을 주었어.
그중 대표적인 것이 고대 이집트 신화야. 이집트 사람들은 척박한
기후에서 살아남기 위해서 태양과 달, 별과 강에 많은 관심을 가져야
했어. 그래서 태양신을 중심으로 한 신화가 발달했단다.
그밖에도 천여 개의 부족이 각자 다른 신화를 가지고 있어.
사막과 정글, 초원 등의 다양한 환경에서 서로 다른 신화가 탄생한 거야.

그럼 아프리카에 어떤 독특한
신화가 있는지 볼까?

4장

아프리카의 신화

이집트 신화

1년이 365일인 이유

　이집트 하면 뭐가 떠오르니? 끝없는 사막 위에 웅장한 피라미드? 나일 강 유역을 중심으로 한 이집트 문명? 고대 이집트 사람들은 자연 현상에 관심이 아주 많았어. 태양과 달, 별의 움직임, 모래와 강의 성질에 대해 끊임없이 관찰하고 연구했지. 그리고 세상 너머에는 신들의 세계가 존재한다고 생각했어. 신들 중에서 으뜸은 단연 태양신이었지.

　아주 오래전, 세상이 다 만들어지기 전에는 검은 물만 출렁이고 있었대. 바로 '누'라고 불리는 나일 강이었어. 어느 날, 강 너머에서 언덕이 하나 솟아올랐어. 언덕 위로는 태양신 '라'도 떠올랐지. 온 세상은 태양신 라 덕분에 금세 밝게 빛났어.

　라가 깊은 숨을 내쉬자 공기의 신 슈와 습기의 신 테프누트가 태어났어. 하지만 슈는 나오자마자 검은 물속으로 빨려 들어가고 말았지. 라는 얼른 자신의 눈 하나를 빼서 딸 하토르를 만들었어. 사랑의 신 하토르는 재빨리 물속으로 들어가 슈를 구해 왔지.

슈와 테프누트는 결혼을 해서 땅의 신 게브와 하늘의 신 누트 남매를 낳았어. 신들의 세계에서는 남매끼리 결혼하는 일이 흔한 일이어서 게브와 누트도 곧 결혼을 하게 되었지. 그런데 문제는 게브와 누트가 사이가 너무 좋다는 것이었어.

"우린 절대로 떨어지지 않을 거예요."

땅의 신 게브는 바닥에 눕고, 하늘의 신 누트는 그 위에 엎드려 철썩 같이 붙어 있었지. 땅과 하늘이 딱 붙어 있으니 어땠겠어? 빛이 들어갈 자리도 없고, 생물들이 자라날 틈도 없었지. 그 모습을 지켜보던 태양신 라는 답답했어. 얼른 공기의 신 슈에게 명령을 했어.

"저 둘 좀 얼른 떼어 놓아라!"

슈는 땅을 꾹꾹 밟고 하늘은 높이 들어 올렸어. 드디어 하늘과 땅 사이에 빛과 공기가 들어갈 수 있게 된 거야.

라는 1년을 360일로 정해 주었어. 그리고 게브와 누트에게 하루도 만나면 안 된다고 명령을 했지. 하지만 둘은 명령을 어기고 밤마다 몰래 만나곤 했어. 그러다 누트가 임신을 했지. 그 사실을 알게 된 태양신 라는 크게 화를 냈어.

"내가 허락하는 날이 아니면 절대 아이를 낳을 수 없을 것이다!"

라는 누트가 아이를 낳지 못하게 할 생각이었던 거야. 누트는 고민에 고민을 거듭하다가 지혜의 신 토트에게 가서 사정을 했어.

토트는 우선 달의 신과 내기를 한판 벌였어. 내기에서 이긴 토트는 달에게 약간의 빛을 얻어 냈지. 5일 정도 세상을 더 비출 수 있는 양이었어.

그래서 1년이 365일로 바뀌게 되었어. 지금까지는 항상 둥근 보름달이었던 달도 토트에게 빛을 조금 빼앗겨서 달의 크기를 조절하며 빛을 나누어 쓸 수밖에 없었어. 토트는 자신이 얻어 온 5일 동안 누트가 아이를 낳을 수 있게 해 주었어.

그동안 태양신 라도 하늘로 올라가 여행을 시작했어. 그리고 이승과 저승을 오가며 여행을 할 때마다 다른 이름으로 불리면서 말이야. 이집트인들은 날마다 태양이 나타났다 사라지는 과정을 지켜보면서 태양신이 여행을 한다고 생각한 거지.

세트의 질투

땅의 신 게브와 하늘의 신 누트 사이에서 태어난 맏아들 오시리스는 잘생기고 성품이 온화했어. 당연히 모두의 사랑을 독차지할 수밖에 없었지. 하지만 셋째 아들 세트는 얼굴도 불그죽죽하고 심술 맞아 보이는 뿔이 두 개나 달려 있었고, 질투심이 많아서 늘 싸움을 벌이곤 했어.

"형은 저렇게 잘나가는데, 난 이게 뭐야!"

세트는 오시리스가 태양신 라를 이어 왕이 된 게 항상 못마땅했어. 게다가 장남이라는 이유로 이집트 나일 강 하류의 가장 기름진 땅을 다스리게 된 것도 싫었지. 자신의 영토는 기껏해야 나일 강 상류에 있는 모래사막 한 귀퉁이뿐이었으니까. 게다가 형수 이시스는 또 어찌나 예쁘고 현명한지, 질투가 나 미칠 지경이었어.

"이건 정말 불공평해. 나도 가만히 있지 않을 거야!"

세트는 형 오시리스를 죽이려고 호시탐탐 노리고 있었어. 하지만 번번이 현명하고 강한 형수 이시스가 막아서서 뜻을 이루지 못하고 있었지. 세트 역시 포기하지 않았어.

어느 날, 세트에게도 기회가 왔어. 그날은 오시리스가 긴 여행에서 돌아오는 날이었어. 마침 이시스도 다른 지방으로 여행을 떠나고 없었어. 모두들 연회를 준비하느라 세트에게 관심을 둘 겨를이 없었어.

세트는 화려하고 튼튼한 관 하나를 준비했어. 그리고 관은 삼나무와 흑단에 금, 은, 상아로 화려하게 장식했지.

연회가 시작되자 세트는 신들 앞에서 관을 꺼냈어. 다들 화려한 관의 모습에 넋을 잃었지.

"이 관에 누웠을 때 딱 맞는 분께 선물로 드리겠습니다."

세트는 선심을 쓰듯 이야기했어.

신들은 서로 갖겠다고 관에 누워 보았지만 맞는 이가 없었지. 딱 한 명, 오시리스만 빼고 말이야.

"왕께서도 누워 보셔야지요."

모두의 눈길이 오시리스에게 쏠렸어. 오시리스는 썩 내키진 않았지만 기대에 찬 시선을 무시할 수 없어서, 관에 들어가 누웠어. 관은 누가 봐도 오시리스의 것이었어. 물론 이 관은 세트가 오시리스 몸에 맞춰 만들었기 때문에 딱 맞을 수밖에 없었어.

바로 그때, 세트가 재빨리 관 뚜껑을 닫아 버렸어. 기다리고 있던 세트의 부하들이 달려들어 관에 못질을 했지. 그러고는 납을 녹인 물로 꽁꽁 봉해 버렸어. 이 모든 게 순식간에 일어났어. 세트는 관을 나일 강에 던져 버렸어. 오시리스는 관 안에서 서서히 죽어 갔지.

"왕이 병으로 죽었다!"

세트는 온 나라를 돌아다니며 헛소문을 냈어. 그리고 자신이 파라오가 되었지. 상 이집트만 다스리던 세트가 비옥한 하 이집트까지 다스리는 이집트의 왕이 된 거야.

고대 이집트에서는 파라오를 왕인 동시에 신이라고 생각하고 섬겼어. 이집트는 나일 강을 기준으로 상 이집트와 하 이집트로 나누어 불렀는데, 파라오를 '두 땅의 주인'이라고 부르는 이유가 바로 이 때문이야.

현명한 이시스의 모험

고대 이집트 사람들은 사람이 죽고 나면 오시리스 신이 다스리는 세상에서 영원히 산다고 생각했어. 왜 오시리스가 지하 세계가 가게 되었냐고? 이 질문에 답을 하려면, 세트에게 당한 오시리스가 그 이후에 어떻게 되었는지 이야기를 해 주어야겠구나.

관에 갇힌 오시리스는 강물에 실려 여기저기 떠돌아다니게 되었어. 장례를 치르지 못해서 죽은 자들의 세상으로 갈 수도 없었지. 이시스는 뒤늦게 남편이 죽은 걸 알고 통곡을 했어.

"떠돌아다니고 있는 남편을 찾아서 꼭 구해 주어야겠어."

이시스는 슬퍼하고만 있을 수 없었어. 얼른 정신을 차리고 남편을 구원해 주러 가야 했지. 대신 남편을 죽인 세트에게 들켜서는 안 되었어. 그래서 남들이 알아보지 못하게 변장을 하고 남편의 관을 찾아다녔지.

어느 날, 이시스는 이상한 소문을 들었어. 어느 나라의 강가에 가면 하루 만에 쑥 자라는 나무가 있다는 거야. 향기도 수천 킬로미터까지 퍼지는 신기한 나무라는 소문이었어. 이시스는 묘한 예감이 들어 신비한 나무가 있는 곳을 찾아갔지. 하지만 그 나무는 이미 베어져 왕궁의 기둥이 되어 있었어.

이시스는 그 나라의 왕궁을 찾아갔어. 아픈 왕자를 돌보는 유모 역할을 하겠다고 자청해서 들어간 거지. 그러고는 마법의 불을 피우고 그 위에 왕자를 올려놓았어.

"활활 타올라라!"

이 모습을 몰래 엿보고 있던 왕비는 비명을 지르면서 왕자를 불에서 꺼냈어. 하지만 왕자는 상처 하나 없이 멀쩡했지. 순간 왕비는 이시스가 평범한 사람이 아니라는 걸 깨달았어. 이시스는 그제야 고백을 했단다.

"나는 이시스 여신입니다. 왕자를 해치려는 게 아니고 영원히 죽지 않는 마법을 쓰려던 참이었어요."

이시스는 마법의 대가로 궁전의 기둥 안에 있는 남편의 관을 가져가게 해 달라고 부탁했어. 왕비는 이시스의 이야기를 듣고 신하들에게 기둥을 자르라고 명령했지.

기둥 안에는 정말 오시리스의 관이 들어 있었어. 이시스가 관 뚜껑을 열자, 오시리스는 마치 자는 것처럼 누워 있었지.

"아직 당신의 후계자를 가지지 못했는데…… 한으로 남을 것 같아요."

이시스는 죽은 자를 살려 내는 의식을 통해 아기를 갖기로 마음먹었어. 여러 신들이 이시스를 도왔지. 죽음의 신 아누비스는 오시리스의 몸에 기름을 바르고 흰 붕대로 감아 미라로 만들어 주었어. 이시스는 미라 앞에서 죽은 자를 살려 내는 주문을 외우고 제사를 지냈어.

"오, 이시스!"

그때 오시리스의 목소리가 들려왔어.

이시스는 기쁨의 눈물을 흘리며 커다란 매로 변신했어. 그리고 큰 날개를 펴고는 오시리스의 몸 위에 사뿐히 앉았지. 이렇게 해서 이시스는 오시리스의 아기를 가지게 되었어. 남편의 관은 아기를 낳을 때까지 갈대숲에 숨겨 두기로 했지.

그런데 그만 관의 위치를 세트에게 들켜 버리고 말았어. 세트가 사냥을 나왔다가 관을 발견한 거야.

"이런, 가소로운 것들! 이런 데다 나 몰래 관을 숨겨 놓다니!"

화가 난 세트는 길길이 날뛰며 오시리스의 몸을 조각내서 나일 강의 악어들한테 던져 버렸어. 세트는 죽은 자라도 몸이 없으면 부활할 수도, 지하 세계로 갈 수도 없다는 걸 잘 알고 있었어. 하지만 악어들은 오시리스의 몸을 요리조리 피해 다녔어. 오시리스 몸의 조각들은 나일 강의 여기저기로 흩어졌지.

이시스는 파피루스 풀로 배를 만들어 나일 강을 샅샅이 뒤졌단다. 그리고 남편의 몸 조각들을 찾아 미라로 만들어 부활하는 의식을 했지. 마침내 오시리스는 죽은 자들의 세상에서 영원히 살 수 있게 되었어. 지하 세계의 왕이 되어서 말이지.

세트는 어떻게 되었냐고? 나중에 이시스가 낳은 태양신 호루스한테 복수를 당했지. 그리고 호루스는 이집트의 파라오가 되었대. 그래서 이집트 사람들은 나일 강이 흘러넘치는 것을 오시리스의 부활을 축복하기 위한 것이라고 생각했다고 해.

죽은 자들의 여행

고대 이집트 사람들은 죽음 이후의 세상에서도 현재의 지위가 계속된다고 믿었기 때문에 죽은 사람이 평소에 아끼던 것들을 무덤에 넣어 주었어. 새로운 세상에서도 쓸 수 있게 말이야.

그래서 파라오는 죽어서도 현재와 같은 삶을 유지하기 위해 오랜 시간 동안 피라미드를 준비하고, 그 안에 왕궁처럼 진귀한 물건들을 가득 채웠어. 하지만 누구나 이렇게 영원한 생명을 얻을 수 있었던 건 아니야.

죽은 자는 먼저 배를 타고 저승으로 들어간대. 태양신 라가 밤의 여행을 할 때 탔던 것과 같은 배야. 죽은 자는 여러 개의 문을 통과하며 신들의 이름을 부르고 경의를 표해. 그리고 모두 통과하면 죽은 자를 인도하는 신 아누비스가 나타나지. 죽은 자를 지하 세계의 왕인 오시리스 앞으로 데려가기 위해서야.

죽은 자는 오시리스와 여러 신들, 진리의 여신 앞에 선단다.

"그대는 한 점의 부끄러움도 없는가?"

"예. 저는 저승의 심판관 오시리스님께 떳떳하게 밝힙니다. 살아 있는 동안에 어떠한 죄도 짓지 않았으며 남을 죽이거나 배신하지 않았습니다."

죽은 자는 덧붙여 신을 섬기며 최선을 다해 살았다고 고백하지. 하지만 죽은 자의 말을 그대로 믿을 신은 없었어.

"그 말에 책임을 질 수 있느냐."

진리의 여신이 영혼의 저울을 꺼내 놓으며 다시 한 번 묻지. 그리고 죽

은 자의 심장을 한쪽 접시에 올려놓아. 반대쪽 접시에는 진리의 상징인 타조 깃털을 올려놓고 말이야. 이집트 사람들은 심장이 곧 영혼이라고 생각했기 때문이야. 그래서 미라를 만들 때 다른 장기들은 꺼내서 단지에 보관하지만 심장은 미라 속에 다시 넣어 두었지.

저울이 수평이 되면 결백이 증명된 거야. 오시리스는 비로소 죽은 자에게 깃털 옷을 입히고 술과 먹을 것을 대접하지. 하지만 심장 쪽으로 기울면 죄를 저지른 것이기 때문에 영원한 생명이 허락되지 않았어. 악어 머리에 사자와 하마 모양을 한 암무트가 저울 옆에서 지켜보고 있다가 심장을 꿀꺽 삼켜 버렸지.

오시리스에게 영원한 생명을 허락받은 사람은 '죽은 자'에서 '다시 사는 자'로 바뀌었어. 살아 있을 때와 똑같은 생활을 할 수가 있는 거지. 무덤에 함께 묻힌 하인의 조각상이나 보석, 음식, 애완동물 등 모든 것을 저승에서 사용할 수 있게 된 거야. 그리고 다시 사는 자들은 이따금씩 휴가를 얻어 태양신 라의 배를 타고 지상을 여행을 할 수도 있었어. 머리는 사람이고 몸은 새인 영혼 '바'의 모습으로 말이야.

이렇게 이집트 사람들은 죽은 자가 저승과 이승을 오가며 영원한 생명을 누릴 수 있다고 생각했대. 그러려면 온전한 몸이 없으면 안 되었지. 왕을 비롯한 귀족들이 죽고 나서 최고의 미라가 되길 원했던 이유였어.

미라와 피라미드

고대 이집트에서는 죽은 사람의 몸을 미라로 만드는 풍습이 있었다. 그리고 미라에 살아 있을 때와 똑같은 마스크를 씌워 주어야 영혼이 부활했을 때 알아볼 수 있다고 생각했다. 무덤 안에는 주문이 적힌 〈사자의 서〉와 하인 인형, 음식, 옷, 보석, 가구, 무기 등을 함께 넣었다.

영원한 삶에 대한 믿음은 건축에도 영향을 주었다. 파라오는 죽은 뒤에 영원히 살 집인 피라미드를 최대한 거대하고 화려하게 지으려 했다. 규모가 가장 큰 쿠푸 왕의 피라미드는 2.5톤의 석회암이 이백삼십만 개나 사용되었다고 한다. 높이가 무려 147미터 달했고, 십만 명의 사람들이 약 10~20년에 걸쳐 만든 것으로 추정된다.

아프리카 신화

엉덩이 반점의 비밀

아프리카는 부족 국가로 이루어져 있어. 그래서 천여 개나 되는 부족이 각기 다른 신화를 갖고 있었지. 세상이 처음 만들어진 이야기도 부족의 수만큼 많을 거야. 그중에서 나이지리아 남부에 사는 요루바족은 어떤 재미있는 창세 신화를 가지고 있는지 들려줄게.

세상이 온전히 생기기 전에 이곳은 물과 늪으로만 되어 있었어. 그곳에는 하늘의 신 올로룬과 위대한 신 오리샤 은라가 살고 있었지. 어느 날 올로룬이 오리샤 은라에게 명령을 했어.

"내가 주는 것들로 땅을 단단하게 만들라!"

올로룬은 오리샤 은라에게 흙이 담긴 달팽이 껍질과 비둘기, 발가락이 다섯 개인 암탉을 주었지. 오리샤 은라는 늪으로 가서 달팽이 껍질 속에 있던 흙을 획획 뿌렸어. 그리고 비둘기와 암탉을 풀어 놓았지. 비둘기와 암탉은 신나게 땅을 긁어 놓았단다. 그러자 물렁하던 땅이 점점 단단해졌어.

올로룬은 카멜레온을 시켜 오리샤 은라를 지켜보고 오라고 시켰어.

"카멜레온아, 땅이 어찌 되어 가는지 보고 오너라."

"땅이 넓긴 하지만 완전히 마르지는 않았어요."

카멜레온은 느릿느릿 다녀와서 보고했어.

"한 번 더 다녀오너라."

"지난번보다 더 단단해졌어요."

카멜레온은 또 느릿느릿 다녀와서 보고했지.

신화에서 이야기하는 이 단단한 땅은, 요루바족이 신성한 도시라고 여기던 '일레이페'라는 곳이야. '일레'는 집이라는 뜻이고, '이페'는 넓다라는 뜻이라니까 넓은 집 정도로 해석할 수 있겠다. 요루바족의 넓은 터전을 이야기하는 걸 거야.

오리샤 은라는 쉬지 않고 계속 일만 했어. 덕분에 땅이 충분히 단단해졌고, 닷새가 지나서야 쉴 수 있는 날이 왔지.

"이젠 나무를 심어라!"

오리샤 은라가 명령대로 나무를 심자 올로룬이 비를 죽죽 내려 주었어. 곧 나무들이 자라나 숲을 이루었지. 올로룬은 밤과 낮, 계절도 만들었어. 그리고 오리샤 은라에게 사람도 만들라고 시켰지. 오리샤 은라는 계속해서 쉬지 않고 진흙으로 사람을 만들었어.

"생명을 불어 넣는 일을 다른 사람에게 시킬 순 없지."

올로룬은 아무도 모르게 사람에게 생명의 기운을 불어 넣었어.

"후, 궁금해. 못 참겠다. 오늘 밤엔 꼭 엿봐야지."

오리샤 은라는 어떻게 생명의 기운을 불어 넣는지 궁금해서 견딜 수가

없었어. 그도 그럴 것이, 자신이 만든 사람인데 얼마나 애착이 갔겠어? 하지만 올로룬은 밤마다 오리샤 은라에게 주문을 걸어 깊은 잠에 빠지게 했어.

"쳇, 손이 부르트게 만들면 뭐 해? 내 마음대로 생명도 주지 못하는데……."

오리샤 은라는 올로룬에게 단단히 삐쳤어. 하지만 하늘의 신에게 감히 대들 수도 없는 일이지 뭐야. 그래서 소심하게 불만을 나타내기로 했어. 바로 사람들의 엉덩이에 슬쩍슬쩍 반점을 붙여 두는 거였지. 이렇게 사람들의 엉덩이에 있는 반점은 오리샤 은라의 불만의 표시래.

밧줄을 타고 내려온 마사이족

아프리카에서 키가 가장 큰 부족은 누구인지 아니? 이 부족은 창 하나를 갖고 사자와 싸우는 용사들이기도 해. 바로 케냐와 탄자니아 국경 초원 지대에 사는 마사이족이야. 마사이족은 농사는 짓지 않고 소와 양과 염소를 키우며 살아간단다.

옛날 옛날에, 마사이족이 하늘에서 살고 있었대. 항상 하늘 아래의 세상을 신기해하며 구경했는데, 문득 하늘 아래로 내려가고 싶어졌지.

"아버지, 땅으로 내려가서 살고 싶어요."

"좋다, 다른 동물들을 죽이거나 잡아먹지 않겠다고 약속하면 허락해 주마."

마사이족이 간청하자 아버지 은가이 신이 소와 양과 염소를 내주면서 조건을 달았어. 이 동물들을 잡아먹지 말고 젖을 짜 먹으면서 살라고 했지.

"절대로, 어떤 일이 있어도, 다른 동물은 잡아먹지 않을게요."

마사이족은 은가이 신에게 굳게 맹세하고는 밧줄을 타고 땅으로 내려왔어. 땅에는 소, 양, 염소만 있는 게 아니었어. 다양한 동물들이 신나게 뛰어놀고 있었지.

"에이, 사슴 한 마리 없어진 걸 아버지가 어떻게 아시겠어?"

마사이족은 약속을 어기고 사슴을 몰래 잡아먹었어. 하지만 은가이 신이 이 일을 모를 리가 없었어. 하늘에서 가만히 지켜보던 은가이 신은 화가 머리끝까지 났지.

"감히 나와의 약속을 어기다니 용서할 수 없다!"

은가이 신은 하늘로 올라오는 밧줄을 싹둑 잘라 버렸어. 그래서 마사이족은 다시는 하늘로 돌아갈 수가 없게 되었지.

"아버지, 저희가 잘못했어요. 한 번만 용서해 주세요, 네?"

"좋다, 내가 만족할 만큼 소와 양과 염소의 숫자를 늘려라. 그러면 밧줄을 내려주겠다."

마사이족이 울며불며 사정을 하니까 은가이 신은 이번에도 조건을 내걸었어. 그래서 마사이족은 지금도 하늘로 돌아가기 위해 소와 양과 염소를 열심히 키우는 거래.

실제로 마사이족은 소의 숫자로 부자인지 아닌지를 가늠한대. 게다가 소는 은가이 신이 마사이족에게만 내려준 것으로 생각해서 가장 귀하게 여겨. 그래서 어른이 된 마사이족 남자에게는 다른 부족의 습격을 막는 것은 물론 소를 빼앗아 오는 일이 당연한 임무란다.

실수로 데려온 죽음

죽음은 사람이면 누구나 피해갈 수 없는 숙명이야. 어느 나라든 신화를 통해 가장 이해하고자 했던 문제가 바로 죽음이지. 빅토리아 호수 북쪽에 사는 부간다족은 죽음을 어떻게 생각했을까?

옛날 옛날에, 부간다족의 첫 조상인 킨투가 암소 한 마리를 기르며 살고 있었어. 어느 날, 하늘 신의 딸이 지상을 지나다가 킨투에게 반하는 일이 생겼어.

"아버지, 킨투와 결혼하고 싶어요."

하늘 신은 딸의 소원을 들어주고 싶어서 곰곰이 생각한 끝에 킨투의 암소를 가져다가 하늘에 숨겼어.

"킨투님, 암소가 하늘에 있으니 얼른 찾으러 오세요."

하늘 신의 딸이 킨투에게 귀띔했어. 킨투는 암소를 찾으러 곧바로 하늘 신에게 달려갔단다. 그러자 하늘 신이 대뜸 이렇게 말하는 거야.

"세 가지 시험을 통과한다면, 네 암소도 주고 내 딸과 결혼도 시켜 주겠노라."

킨투는 선택의 여지가 없었어. 세 가지 시험을 반드시 통과해야 했지. 세 가지 시험은 이랬어. 백 명분의 식사를 한꺼번에 먹고, 도끼로 바위를 잘라 땔감을 만들고, 깨끗한 이슬을 모아 물을 만들어야 했지.

킨투는 늠름하게도 세 가지 시험을 모두 말끔하게 해냈어. 하늘 신은 약속대로 딸과 결혼시키고 땅으로 내려갈 준비를 할 수 있게 해 주었어. 그리고 킨투 부부를 불러 조용히 일렀지.

"내 아들 중에서 죽음이 너희들을 따라가려고 할 게다."

킨투 부부는 죽음이 눈치채지 못하게 몰래 떠나야 했어. 혹여 잊은 것이 있어도 절대 돌아오지 말고 그냥 가라고 하늘 신은 신신당부했지.

킨투 부부는 암소와 양, 닭, 바나나나무를 챙겨서 길을 떠났단다. 물론 죽음도 몰래 이들을 따라나섰지. 한참 가던 길에 킨투가 멈칫하며 말했어.
"아차, 닭 모이를 가져오지 않았구려. 다시 가서 가져오겠소."
"안 돼요. 아버지가 절대 돌아오지 말라고 하셨잖아요."
킨투는 말리는 아내의 말을 뿌리치고 기어이 돌아갔어.
킨투는 재빨리 닭 모이만 챙겨 나올 생각이었어. 그리고 얼른 닭 모이를 집어 들었는데 어느 새 죽음이 눈앞에 와 있지 뭐야.
"나도 데려가 줘."
킨투는 할 수 없이 죽음과 함께 땅으로 내려올 수밖에 없었어.

무사히 땅으로 돌아온 킨투 부부는 아이들을 낳고 행복하게 살았어. 하지만 죽음은 다시 킨투 부부를 찾아왔지.

"아이 하나를 나에게 줘."

물론 킨투 부부는 아이를 내줄 수 없었어. 지금까지 누군가가 죽는 걸 본 적이 없어서 죽음이 뭔지도 몰랐지만, 아이는 절대 줄 수 없었지.

그런데 이때부터 이상한 일이 일어났어. 아이 하나가 갑자기 병에 걸려 죽더니 계속해서 다른 아이들도 죽어 가는 거야.

"하늘의 신이시여, 제발 아이들을 살려 주세요."

킨투 부부는 정성스럽게 기도를 올렸어. 그러자 하늘 신이 자신의 아들 중 한 명을 불러 죽음을 잡아 오라고 명령했지.

"모두 가축들과 함께 집 안으로 들어가시오. 혹, 죽음을 보더라도 크게 소리치면 절대 안 되오."

신의 아들이 땅으로 내려와 사람들에게 먼저 일렀어. 그리고 죽음이 숨어 있는 곳으로 살며시 다가갔지. 바로 그때 죽음이 사정도 모르고 밖으로 나왔어.

"아악!"

한 아이가 죽음을 보고는 소스라치게 놀라 소리쳤어. 그 소리에 되레 깜짝 놀란 죽음은 깊은 땅속으로 도망쳤지. 이를 본 신의 아들은 화가 나서 그냥 하늘로 올라가 버렸어.

"네가 내 아이를 데려간다면, 난 아이들이 두 배로 태어나게 할 테야!"

킨투는 오기가 생겨 외쳤어. 이제 죽음은 언제 어디서든 불쑥불쑥 나타나서 사람들을 데려갈 테니 말이야. 이렇게 해서 죽음은 영원히 사람들과 함께 살게 되었대.

레그바의 못된 장난

서아프리카 베냉에 사는 폰족의 신화에 '레그바'라는 신이 있었어. 달의 신 마우와 해의 신 리사의 자식들 중 하나였지. 다른 형제들이 하늘과 땅과 바다 등을 다스리는 것과는 달리 레그바는 딱히 맡은 일이 없었어. 그저 어머니 마우가 시키는 일을 그때그때 처리했을 뿐이야.

달의 신 마우는 사람들의 미움을 살만한 일은 전부 레그바에게만 시켰어. 그러니 레그바는 아무리 열심히 일해도 늘 손가락질을 당했어. 어쩌다 좋은 일을 해도 사람들은 마우에게만 감사했던 거야.

"쳇, 아무리 열심히 해도 난 안 되는구나."

레그바는 차츰 삐뚤어지기 시작했어.

"까짓것, 일하면 뭐 해? 재밌는 장난이나 쳐 볼까?"

레그바는 슬슬 꾀가 나서 일을 하기 싫어졌어.

"얌밭에 도둑이 들었어요!"

레그바는 달의 신 마우에게 달려가 놀란 듯이 소리쳤어. 얌은 고구마처럼 삶거나 구워 먹는 채소야. 귀중한 식량인 얌을 심어 놓은 밭에 도둑이 들었다니 정말 큰일이지 뭐야.

"누구든 얌을 훔치는 자는 죽음을 면치 못할 것이다!"

마우는 사람들에게 무섭게 경고했어.

며칠이 지난 어느 깊은 밤이었지. 레그바는 몰래 마우의 신발을 훔쳐 신고는 얌밭으로 숨어들었어.

"도둑의 신발 자국이다!"

다음 날, 얌이 없어진 밭에서는 왁자지껄 난리가 벌어졌어. 밭에는 도둑의 발자국이 선명하게 남아 있었지. 모두 도둑을 찾느라 한바탕 소동이 벌어졌어. 마우의 명령에 따라 사람들은 신발을 하나하나 검사하기 시작했어. 하지만 발자국과 딱 맞는 신발을 찾을 수 없었어.

"혹시 어머니가 잠결에 가져가곤 잊으신 것이 아닌가요? 어머니도 신발을 맞춰 보시면 되겠네요."

레그바는 사람들 앞에서 보란 듯이 마우를 부추겼어.

순간 모두의 눈길이 마우에게로 쏠렸지. 마우는 고개를 절레절레 흔들었어. 신 체면에 사람들 앞에서 도둑이 아님을 증명해야 하다니 말이야. 하지만 사람들의 표정을 보니 심상치가 않았어. 다들 혹시나 하고 의심하는 표정이었어. 마우는 할 수 없이 신발을 발자국에 갖다 댔지. 그런데 웬걸, 신발이 딱 들어맞는 거야.

"이건 누군가 장난친 게 분명해. 난 아니라니까!"

마우가 당황해서 신경질적으로 말했어. 그러자 사람들은 슬슬 마우를 의심하기 시작했지.

"레그바, 이제부터 네가 땅의 일을 맡아라. 나는 보고만 받겠다!"

마우는 얼굴이 벌개져서 하늘로 올라가 버렸어. 자신을 믿지 않는 사람들이 품은 실망과 원망의 마음을 들었던 거야.

레그바는 마우를 골려 줘서 속이 시원해진 것까지는 좋았는데, 사람들의 일을 하늘에 보고하는 일은 정말 귀찮았어. 그래서 어떤 노파를 시켜 하늘에 구정물을 뿌리게 했지.

"에이, 아예 멀리 떠나 버려야지. 안 되겠어."

더러운 물이 튀자 너무 기분이 나빴던 마우는 하늘과 땅을 아주 멀리 떨어뜨렸어. 이제 레그바는 마우의 간섭 없이 마음대로 장난을 칠 수 있게 되었대.

이렇게 레그바와 같은 장난꾸러기 신은 세계 여러 신화에서 종종 나온단다. 신화 속에서 일반적인 질서를 벗어나 재미를 더해 주는 역할을 하지. 우리들의 삶이 때론 예측 불가능한 것처럼 말이야.

다른 나라의 장난꾸러기 신들

북유럽 신화에 나오는 말썽쟁이 로키는 토르의 아내 시프의 아름다운 금발을 자를 정도로 짓궂은 장난을 많이 했다. 물론, 장난 끝에 빛의 신 발데르를 죽게 해서 바위에 묶인 채로 독사의 독을 얼굴에 맞는 벌을 받기도 했다. 아프리카 요루바족 신화에 나오는 신의 사자 에슈는 태양과 달을 꼬드겨 자리를 바꾸게 해서 세상을 혼란에 빠뜨리기도 했다.

오세아니아는 남태평양에 있는 오스트레일리아, 멜라네시아, 미크로네시아, 폴리네시아, 뉴질랜드 등의 여러 섬과 대륙으로 이루어져 있어.
오스트레일리아의 신화는 아메리카처럼 원주민의 이야기가 전해 내려오면서 신화가 되었어. 조상신이 세상을 만들고, 과거와 현재, 미래의 시간 속에서 영원히 함께 한다고 믿었지.
폴리네시아와 멜라네시아, 미크로네시아는 남태평양 일대에 흩어져 있는 섬들로 섬나라의 독특한 자연환경에서 비롯한 신화가 많단다.

그럼 오세아니아의 흥미로운
신화 속으로 들어가 볼까?

5장
오세아니아의 신화

꿈의 시대

오스트레일리아에는 수많은 부족이 각자의 언어를 사용하며 살고 있었어. 그중에서 '아보리진'이라는 원주민들이 있는데, 이들은 '꿈의 시대'라는 신화를 믿으며 살고 있대. 그럼, 아보리진이 생각하는 꿈의 시대란 무엇일까?

아무것도 없는 세상에 창조의 신들이 하늘에서 내려오자 땅과 바다가 생겨났어. 그리고 신들이 가는 곳마다 산과 강, 언덕, 바위 등이 만들어졌대.

"살아 움직이는 것도 만듭시다."

신들은 자신을 닮은 것들을 만들어 생명을 불어 넣었어. 덕분에 동물과 식물 등이 살아 움직였지.

"인간도 만듭시다."

어머니 신과 남성 신이 힘을 합쳐 인간을 만들었어. 그리고 동물 중에서 유일하게 인간에게만 인격을 심어 주었지. 그리고 사람들에게 살아가는 방법과 신들에게 제사를 지내는 방법도 알려 주었어.

이렇게 신들은 자신을 닮은 모양으로 세상의 것들을 만들었어. 사람은 사람을 닮은 신이, 동물은 동물을 닮은 신이, 식물은 식물을 닮은 신이 만들었지.

"이제 하늘로 돌아갈 시간이 되었구려."

신들은 세상이 자연의 법칙과 질서에 따라 잘 돌아가는 걸 지켜보면서 이제 자신들의 임무가 끝났다고 생각했지. 신들은 각자 흩어져 하늘로,

바다로, 땅속으로 돌아갔단다. 그중에는 죽거나 자신들이 만든 것에 스며들기도 했어.

신을 닮은 아보리진은 자신들을 만들어 준 창조신들을 잊지 않고 살아갔어. 그리고 언제까지나 신들이 자신들과 함께 살아간다고 믿었지. 신들은 과거와 현재와 미래로 이어지는 꿈의 시대에 영원히 존재한다고 생각했던 거야. 그러니까 '꿈의 시대'란 창조의 시대처럼 모든 생명체가 탄생하고 공생하며 영원히 살아가는 시대를 말하는 거래.

현재, 오스트레일리아에 사는 아보리진은 얼마 남지 않았단다. 영국에서 이주해 온 사람들이 오스트레일리아에 자리를 잡으면서 터전을 잃어갔기 때문이야. 하지만 소수의 아보리진들은 지금도 꿈의 시대를 믿으며 살아가고 있대.

아보리진의 힘겨운 삶

아보리진은 원래 오스트레일리아에서 부족 단위로 수렵이나 채집 생활을 하며 살고 있던 원주민들이다. 그런데 18세기 말에 유럽 사람들이 이주해 오면서 들어온 질병과 전쟁 때문에 인구가 크게 줄어들었다. 19세기 후반에서 1970년대까지는 오스트레일리아 정부가 원주민 아이들을 강제로 부모에게서 떼어 내 방치하게 된다. 가난한 부모 대신 좋은 환경에서 기른다는 명목이었지만 잔인한 차별 정책에 불과했다. 이때를 '빼앗긴 세대'라고 한다. 1967년까지만 해도 아보리진은 인구 조사에 포함되지도 않는 등 많은 차별을 받았다.

하늘과 땅의 사랑

'많은 섬들'이라는 뜻인 폴리네시아는 뉴질랜드, 하와이 제도, 이스터 섬 등 오세아니아 동쪽 바다에 있는 수천 개의 섬들을 말하지. 폴리네시아의 창세 신화도 한번 볼까?

아무것도 없는 세상에서 최초의 신 이오가 스스로 생겨나서 하늘의 신 랑기와 땅의 신 파파를 만들었어. 랑기와 파파는 무려 열일곱 명의 자식을 낳았어. 그런데 하늘과 땅이 붙어 있으니 아이들의 불만은 점점 커져만 갔어.

"아이구, 왜 이렇게 어두워?"

"너무 좁아서 허리도 못 펴겠네."

마침내 형제들은 몰래 모여 대책을 의논했어. 특히, 전쟁과 불화의 신이 앞장서서 아버지를 없애자고 했어.

"아버지인 하늘을 없애자."

"그래도 그렇지. 어떻게 우릴 낳은 아버지를 죽일 수가 있어?"

"맞아, 나도 반대야."

나머지 아이들은 고개를 절레절레 흔들며 몸을 부르르 떨었어.

"좋은 방법이 있어. 하늘을 밀어 올려서 땅이랑 떨어뜨리면 되지."

잠자코 듣고 있던 숲 속의 신 타네마흔타가 차분한 목소리로 말했어. 모두들 그거 좋은 생각이라며 고개를 끄덕였지.

"그런데 하늘을 어떻게 밀어 올리지?"

이번엔 모두들 고개를
갸우뚱했어.
"내가 해 볼게."
무슨 생각인지 숲 속의 신 타네마
흔타가 하늘과 땅 사이에서 물구나무
를 서서 힘껏 밀었지. 처음엔 나무의 높
이만큼 하늘을 떨어뜨렸어. 하지만 계속
참으면서 버티자 몸이 점점 자라났어.
마침내 하늘과 땅은 지금만큼 벌어지게
되었단다.
"와, 빛이다!"
아이들은 기쁨에 들떠서 뛰어다녔어.
하늘의 신 랑기와 땅의 신 파파는 매일
눈물로 지새웠지. 자식들이 편히
지낼 수 있게 된 것은 좋았지만
서로 만날 수 없었기 때문이었어.
"보고 싶은 파파,
잘 지내고 있소?"
이렇게 흘린
하늘 신 랑기의
눈물은 비가 되었어.

"그리운 랑기, 어떻게 지내세요?"

파파의 그리움은 안개가 되어 하늘로 피어올랐지. 하지만 랑기와 파파가 계속 슬퍼하는 것은 아니었어. 햇빛이 쨍쨍 나는 날에는 자식들의 행복한 모습을 보며 함께 즐거워했단다.

마우이의 물고기

폴리네시아 숲 속의 신 타네마흔타의 후손들 중에는 마우이라는 아이가 있었어. 마우이는 장난기와 영웅심이 가득하기로 유명했지.

어린 마우이는 불의 여신인 할머니에게서 불을 훔쳐 세상에 갖다 주기도 하고, 태양이 너무 빨리 움직인다고 올가미로 태양을 묶어 버리는 일도 서슴지 않았지. 태양을 천천히 움직이게 해서 낮이 길어지게 하려고 그런 거야. 아주 천방지축이었어.

그런 마우이가 아주 좋아하는 취미가 있었는데, 바로 낚시였어. 마우이가 낚시를 하다가 어마어마한 걸 낚은 얘기 좀 들어 볼래?

마우이는 형제들 중에 막내였어. 막내는 다 귀여움을 받을 것 같지만 마우이는 형제들한테 미움을 받았어.

"부모님은 왜 마우이만 예뻐하실까?"

"마우이랑 놀지 말자. 우리끼리만 낚시하러 가는 거야."

형제들은 마우이를 따돌리고 낚시를 하러 갔어.

"나도 물고기를 잡고 싶은데……."

하지만 마우이는 낚싯바늘이 없어서 형들처럼 물고기를 잡으러 갈 수도 없었지.

어느 날, 손자를 가엽게 여기던 할머니가 마우이의 손을 잡고 따뜻하게 말했어.

"가여운 마우이야, 내가 죽거든 내 뼈로 낚싯바늘을 만들렴."

그리고 얼마 안 있어서 할머니는 시름시름 앓다가 죽고 말았지. 마우이는 눈물을 흘리며 할머니의 뼈로 낚싯바늘을 만들었어.

"나도 낚싯바늘이 있어. 나도 데려가!"

마우이가 낚싯바늘을 들고 나타나자 형들은 할 수 없이 낚시에 끼워 주었어.

형제들은 넓고 푸른 바다 한가운데로 함께 나갔어. 하지만 데려간다고 해서 함께 낚시를 한다는 뜻은 아니었나 봐.

"나한테는 왜 미끼를 주지 않는 거야? 나도 줘, 응?"

마우이가 아무리 졸라도 형들은 미끼를 주지 않았어.

"흥, 나도 방법이 다 있다고!"

마우이는 자신의 코를 주먹으로 꽉 쳤어. 그러자 코피가 주르륵 흘러내리는 거야. 마우이는 자신의 코피를 미끼로 사용해서 낚싯바늘을 바다에 던졌어.

바다는 한없이 평화로웠고 시간은 멈춘 듯이 흘러갔어. 그러다 낚싯대를 잡은 마우이 손에 묵직한 느낌이 전해 오는 거야.

"물고기다! 아주 큰 놈 같아!"

마우이가 소리쳤어.

낚싯대가 휘어지는 정도로 봐서 마우이 혼자 끌어낼 수 없는 크기의 물고기 같았어. 형들은 도대체 어떤 물고기인지 궁금해서 함께 줄을 당겨 주었어.

"와아! 이게 뭐야?"

낚싯바늘에는 정말 거대한 물고기가 딸려 나왔어.

훗날, 이 물고기는 섬이 되었대. 바로 뉴질랜드의 두 섬 중에 하나인 북쪽 섬이 되었다는 거야. 그러니까 '마우이의 물고기'는 바로 뉴질랜드 북쪽 섬을 말하는 거란다. 이때 마우이가 탔던 카누는 뉴질랜드의 남쪽 섬이 되었대. 뉴질랜드의 남쪽 섬을 '마우이의 카누'라고 부른다니 재미있지 않니?

오히아 나무와 레후아 꽃

폴리네시아에 있는 하와이는 화산섬으로 유명하단다. 이곳에는 화산 지형 때문에 생긴 식물이 있어. 꽃과 나무의 이름이 서로 다른 '오히아 레후아'라는 식물이야. 일반적으로 나무 이름은 하나잖아. 근데 왜 이 나무는 꽃과 나무의 이름이 다르게 지어진 걸까?

옛날에, 하와이의 어느 마을에 오히아라는 청년과 레후아라는 여인이 살고 있었어. 둘은 서로 사랑하는 사이로 이미 결혼을 약속한 상태였지. 하지만 두 사람의 사랑에 위기가 생겼어.

"정말 멋진 남자 오히아! 나와 결혼해 줘요."

화산의 여신 펠레가 오히아에게 반해 고백을 한 거야. 펠레는 아름다웠지만 변덕스럽고 질투도 심했단다.

"미안하지만 저는 이미 사랑하는 여인이 있습니다."

오히아는 레후아를 생각하며 단번에 거절했어. 하지만 펠레는 오히아를 단념할 수가 없었지. 오히아를 너무나 좋아하는 자신의 마음을 스스로도 어쩔 수가 없었던 거야.

"한 번만 다시 생각해 볼 순 없나요?"

펠레가 간청했지만 오히아는 흔들리지 않았어. 펠레는 오히아도 밉고 오히아의 사랑을 받는 레후아도 미웠어.

"가만두지 않겠어!"

펠레의 증오는 점점 타올라서 화산처럼 폭발했지. 그리고 오히아를 잡아다가 펄펄 끓는 용암에 빠트려 버렸어. 오히아는 용암 속에서 고통스럽게 몸부림치며 죽어 갔어.

"사랑하는 오히아! 내가 잘못했어요."

뒤늦게 정신이 번쩍 든 펠레는 후회했지만 소용없었어.

"오히아, 당신 없이는 하루도 살 수가 없는데……."

● 하와이에 있는 오히아 레후아

소식을 들은 레후아도 뒤늦게 달려와 용암으로 뛰어들었어.

펠레는 자신의 행동을 부끄러워하면서 눈물을 흘리며 용암 위에 나무 한 그루를 심었어. 바로 오히아 나무였어. 그리고 나무에는 아름답고 붉은 꽃이 피게 했지. 이 꽃이 레후아 꽃이란다.

'오히아 레후아'는 하와이의 토종 식물인데, 용암이 흐르고 난 후에 가장 먼저 피는 꽃이래. 이 꽃을 따면 오히아와 레후아가 슬퍼하며 비를 내린다고 하니 참 애절하지?

뱀의 꼬리에서 얻은 불씨

멜라네시아는 '검은 섬들'이라는 뜻이야. 뉴기니 섬, 비스마르크 제도, 솔로몬 제도, 피지 제도 등이 포함되어 있단다. 멜라네시아의 수많은 섬 중에서 가장 큰 섬은 파푸아 뉴기니야. 그럼, 파푸아 뉴기니에서는 사람들이 불씨를 가지게 된 사연을 보자.

오래전, 파푸아 뉴기니의 어느 마을에 젊은이들과 노파 한 명이 살고 있었어. 아직 불이 없던 시절이어서 젊은이들은 토란이나 마를 날것으로 먹거나 햇볕에 말려 먹으며 살았지.

"날것은 맛이 없어 못 먹겠구나."

노파는 젊은이들이 가져다주는 음식을 잘 먹지 못했어. 입맛에 맞지 않다는 게 이유였어. 하지만 불의 여신이었던 노파는 젊은이들이 집을 비우면 몸에서 불을 꺼내 몰래 음식을 구워 먹고 있었어.

"음, 이 맛이야!"

노파는 항상 젊은이들이 돌아오기 전에 익힌 음식을 싹 치워 버렸어.

그러던 어느 날, 노파는 구운 토란 하나를 날 토란 사이에 숨겨 두었어. 그날은 배가 너무 불러 마지막 하나를 남겼던 거야.

"어, 이게 뭐야?"

젊은이들이 집으로 돌아와 토란을 먹을 때였어. 한 젊은이가 토란 무더기 속에서 구운 토란을 꺼내 먹고는 매우 놀랐어.

"자, 모두들 먹어 봐. 맛있지?"

젊은이들은 구운 토란을 조금씩 나누어 먹었단다. 기가 막힌 맛에 모두들 마음을 빼앗겼어.

"분명 노파가 이 비밀을 알고 있을 거야. 노파의 방을 엿보아야겠어."

젊은이들은 고개를 끄덕였어. 그러고는 틈틈이 노파의 방을 엿보았지. 결국 노파가 다리 사이에서 불을 꺼내는 걸 알아채고 말았어.

"바로 저거야! 저 불을 훔치자."

다음 날, 젊은이들은 사냥을 하러 가는 척 집을 나섰다가 다시 노파의 방으로 숨어들었지. 마침 노파가 토란을 구우려고 불을 꺼내는 순간이었어.

"지금이야!"

한 젊은이가 노파에게서 재빨리 불을 빼앗아 달아났어. 불을 빼앗긴 노파가 고래고래 소리를 지르며 쫓아왔지. 젊은이는 허겁지겁 도망치다 불을 그만 풀밭에 떨어뜨리고 말았어. 순식간에 풀밭은 불바다가 되었어.

"비야, 내려라!"

노파가 주문을 걸자 비가 내리기 시작했어. 풀밭의 불이 모두 꺼질 때까지 세찬 비가 주룩주룩 내렸지.

"어딘가 불씨가 남아 있지 않을까?"

비가 그친 뒤에 젊은이들은 혹시나 하고 불씨를 찾아다녔어. 그런데 아쉽게도 그 어느 곳에도 불씨가 남아 있지 않았어. 젊은이들은 배도 고프고 지쳐서 큰 나무 아래에 털썩 주저앉았어.

그런데 이게 뭐야? 나무 구멍에 있는 뱀의 꼬리에서 불이 활활 타고 있는 거야. 뱀이 꼬리에 불이 붙은 채로 나무 구멍 속에서 비를 피한 덕분에 불씨가 하나 남았던 거지.

"야호, 불이다!"

한 젊은이가 조심조심 다가가 불타는 뱀의 꼬리를 싹둑 잘라 냈어. 이렇게 해서 파푸아 뉴기니 사람들은 불을 가지게 되었고 음식을 맛있게 익혀 먹을 수 있게 되었단다.